Detrás del telón

—

El Verdadero Enemigo que Todos están pasando por alto

By: Jaime Garza

Cover By: Jarod Garza

ISBN: 979-8-9859224-3-1

DESCARGO DE RESPONSABILIDAD

Este libro explora ideas y perspectivas que pueden desafiar creencias tradicionales, incluidas las religiosas y culturales. La intención no es ofender, faltar al respeto ni menospreciar la fe de nadie, sino más bien fomentar el pensamiento crítico, el diálogo abierto y la reflexión personal.

Se adentra en terrenos controvertidos y, a menudo, incómodos—especialmente cuando se trata de religión, tradición y las historias que nos han enseñado a no cuestionar jamás. Si estás buscando narrativas seguras y familiares, probablemente este libro no sea para ti.

Se anima a los lectores a abordar el contenido con una mente abierta y a sacar sus propias conclusiones.

El objetivo no es insultar ni convertir, sino provocar reflexión. Parte de lo que leas puede desafiar convicciones arraigadas. Ese es el propósito. La verdad no teme al escrutinio, pero el dogma a menudo sí. Si algo aquí te incomoda, pregúntate: ¿es porque es falso, o porque te dijeron que nunca debías preguntar?

Las opiniones expresadas son del autor y se presentan con fines de exploración y discusión. No están destinadas a representar a ninguna religión, denominación u organización específica.

Si alguna parte de este libro te causa incomodidad, que sirva como una invitación a examinar por qué—y a buscar una comprensión más profunda, ya sea a través del acuerdo o la oposición. Quédate con lo que resuene contigo, cuestiona lo que no, y sobre todo—piensa por ti mismo.

Índice

Prólogo

Estamos empezando a ver el declive de la familia estadounidense, como ha sido el caso desde hace tiempo. Los medios han propagado una división como nunca antes vista en mi vida. Y las mentiras se han vendido como verdad durante tanto tiempo, que incluso los profesionales luchan por saber qué es verdadero y qué es falso.

Toda una generación de jóvenes adultos que ahora se gradúan de la secundaria y la universidad fue criada sobre la base de la tecnología. Las pantallas de televisión, las pantallas de computadora y las pantallas de teléfono se convirtieron en la niñera, manteniendo a los niños entretenidos e indoctrinados.

El mensaje comenzó siendo sutil y subliminal, pero evolucionó hacia un tipo de mensaje a gran escala, oculto a simple vista, que ahora empieza a ser expuesto poco a poco. En ese momento, los padres no conocían la magnitud de los mensajes que se dirigían a los niños, pero ahora las cosas están empezando a salir a la luz.

Desde pequeñas insinuaciones en películas de Disney hasta escenas crípticas en videos musicales, la cantidad de mensajes subliminales orientados hacia la oscuridad y los principios satánicos ha ido aumentando constantemente.

Se ha dicho que si controlas los medios, controlas el flujo de información. Y si controlas la información, puedes controlar cómo una persona percibe esa información. Si puedes controlar su percepción, entonces puedes controlar cómo se siente. Y si controlas cómo una persona se siente acerca de la información, entonces puedes controlar cómo reaccionará. Y si puedes controlar cómo reacciona, entonces la controlas. Una vez que la controlas, puedes guiarla fácilmente en cualquier dirección que elijas. Así es como Satanás y sus peones han infiltrado y han estado operando para controlar a las masas.

Han estado en esto durante décadas, y tal vez incluso siglos. Todos estamos jugando movimientos simples, dobles y triples en damas, y ellos están jugando ajedrez 3D a largo plazo. No es de extrañar que muchos sigan siendo engañados al pensar que todas estas conexiones que se están haciendo y exponiendo son solo coincidencias. Así fue diseñado: para mantener a las masas en línea y destruir cualquier disidencia de inmediato.

A esto lo llaman el "Síndrome de la Amapola Alta".
El Síndrome de la Amapola Alta es un término que

se usa para caracterizar un campo de amapolas, un tipo de planta que se cultiva y cosecha por sus propiedades medicinales. Pero la idea es tener todas las flores creciendo de manera que ninguna sea más alta que las demás. El objetivo es crear una altura uniforme para todas las flores. En esencia, los campos se ven muy bonitos, ordenados y prolijos, pero es porque cualquier flor que empezaba a crecer más que las demás era rápidamente recortada. Así es como se trata la disidencia y el pensar por uno mismo en este mundo. Hacen esto de diversas maneras. Una forma es etiquetar a la persona como un chiflado o teórico de la conspiración, de manera que cualquier información que provenga de ella sea rápidamente descartada.

Otra manera es poner a "expertos" con puntos de vista opuestos en primera plana y que los medios simplemente lo difundan. Y como son expertos, la gente común no es lo suficientemente inteligente como para analizar o pensar por sí misma. Otra forma es ahogar el punto de vista opuesto con tanta retórica que se pierde en un mar de información y repetición.

Y la última forma es simplemente crear disonancia cognitiva. Esto es cuando algo se repite tantas veces que se convierte en un hecho imborrable en la mente de quien lo escucha. Así, cuando se introduce un hecho contrario, este se descarta de inmediato y la persona se niega a verlo como verdadero, sin importar lo lógico o real que sea. Se han cerrado a la posibilidad de que algo que vaya en contra de su creencia profundamente arraigada pueda ser cierto. Ignoran la evidencia que desafía su visión existente e incluso distorsionan hechos que contradicen sus prejuicios, favoreciendo la comodidad emocional sobre la realidad objetiva. Incluso si estas creencias fueron inculcadas en su mente mediante repetición y estrategia. Incluso si hubiera una abrumadora cantidad de evidencia que las contradijera. Su visión filtraría todo lo que no estuviera alineado con lo que ya habían decidido de antemano, y su "verdad" permanecería incuestionable. Ahí es donde estamos como sociedad. Y eso debería asustarnos a todos.

Parte I – El lado espiritual de esta batalla

Parte I – Introducción

Se ha dicho que los tiempos difíciles crean hombres fuertes. Y esos hombres fuertes, en un esfuerzo por mejorar las cosas para quienes vienen después, tienden a crear tiempos buenos. El problema es que esos tiempos buenos luego crean hombres débiles. Y esos hombres débiles indirectamente crean tiempos difíciles. Así es como funciona el ciclo. Por simple que parezca, muchos no ven lo que esto realmente implica o cómo afecta las líneas de sangre generacionales. Hemos sido tan bendecidos que lo hemos dado todo por sentado y hemos perdido de vista conceptos simples. La sociedad moderna ha fomentado tantas condiciones que han llevado a una prevalencia de derecho adquirido, una disciplina personal disminuida y una falta de autorreflexión.

El Evangelio de Jesucristo suena muy extraño para una generación que ha sido enseñada a creer que son perfectos tal como son, que amarse a sí mismos es una virtud, que seguir su corazón es lo mejor que pueden hacer y que nada es más importante que ser feliz. Esta tendencia ha sido moldeada por la priorización de la conveniencia, la gratificación inmediata y la validación externa por encima de la resiliencia, la introspección y los valores. Esto ha contribuido a un debilitamiento de la responsabilidad personal, la fortaleza emocional y el sustento espiritual. Expectativas poco realistas sobre los desafíos de la vida han alimentado la idea de que todo debería encajar perfectamente, como por arte de magia. Y cuando no sucede, la frustración, la ansiedad y la confusión toman el control. Las redes sociales han amplificado esto al promover versiones cuidadosamente seleccionadas de éxito, belleza y felicidad, lo que puede dejar a las personas sintiéndose inadecuadas o indignas si no cumplen con estos estándares muchas veces inalcanzables.

La autodisciplina es otra víctima de la sociedad moderna. La abundancia de opciones y la reducción de barreras de acceso han hecho más fácil ceder a placeres a corto plazo que, muchas veces, pueden tener consecuencias a largo plazo. Sin disciplina, las personas luchan por alcanzar metas significativas y desarrollar un sentido de propósito. Carecen de resiliencia y tienen dificultades para soportar los desafíos. Y se vuelve más fácil caer en la oscuridad y alejarse de Dios. La racionalización de la oscuridad y de principios malignos ha creado una ola en la que las personas sienten que tienen derecho a cosas que normalmente se considerarían incorrectas o moralmente corruptas. Lo que Dios llama adulterio, la sociedad lo llama aventura. Lo que Dios llama embriaguez, que es pecado, la sociedad lo llama alcoholismo, que es una enfermedad. Lo que Dios llama abominación y perversión que una mujer se acueste con una mujer, y un hombre con un hombre, la sociedad lo llama ser gay, que significa feliz. Hoy en día la sociedad ha suavizado sus estándares y ha permitido que el pecado sea una práctica aceptada y común, siempre que no se le llame pecado. Este juego de palabras con eufemismos ha degradado la cultura y ha hecho que cosas que están mal parezcan correctas o normales. Pero debemos recordar que para ser aceptados por el mundo, en realidad estamos rechazando a Dios.

Estas cosas pueden fácilmente llevar a alguien a pensar que la coincidencia lo gobierna todo, y que en un mundo lleno de casualidades no hay Dios ni diablo. Solo estamos nosotros, aquí y ahora. Se ha dicho que el mayor truco que Satanás ha hecho fue convencer al mundo de que no existe. Porque si no hay diablo, entonces no puede haber Dios. Y si no hay Dios, entonces nada de esto tiene sentido. Todo sería una mezcla de azar y accidentes, cocinándose en una olla de suerte y contratiempos. No habría motivo ni propósito para nada de ello. Al menos así era como querían que pensáramos antes. Pero ahora vivimos en una era en la que el diablo ya ni siquiera se esconde como antes. El satanismo y la demonología están ahora al frente y en el centro de muchas de las cosas que suceden en el mundo. Ya sea en la industria musical, la industria cinematográfica, los deportes profesionales y ahora incluso la política, Satanás, sus demonios y sus seguidores están profesando abiertamente su lealtad a través de palabras, acciones, vestimenta, videos y símbolos. Y todo está justo frente a nuestros ojos si realmente nos tomamos el tiempo de mirar.

Capítulo 1 – ¿Quién es Satanás?

"Satanás promete lo mejor pero paga con lo peor;
promete honor y paga con deshonra; promete placer y
paga con dolor; promete ganancia y paga con pérdida;
promete vida y paga con Muerte" – Thomas Brooks

Entonces, ¿quién es Satanás? En la Biblia, Satanás
es presentado como un poderoso ser espiritual que
se opone a Dios y trabaja para desviar a la
humanidad. El nombre "Satanás" proviene de una
palabra hebrea que significa "adversario" o
"acusador", lo que refleja su papel como oponente
de los propósitos de Dios. La Biblia lo llama El Gran
Engañador, El Gran Divisor y El Gran Destructor.
Apocalipsis 12:9 dice: "Y fue lanzado fuera el gran
dragón, la serpiente antigua que se llama diablo y
Satanás, el cual engaña al mundo entero; fue
arrojado a la tierra, y sus ángeles fueron arrojados
con él". Lucas 10:18 dice: "Yo veía a Satanás caer
del cielo como un rayo". En Apocalipsis 12:7-9,
Satanás es representado como un dragón y el
enemigo supremo de Dios y de Su pueblo. Lidera
una rebelión cósmica contra Dios y es expulsado
del cielo junto con un tercio de los ángeles. Esos
ángeles son lo que conocemos como demonios, y
Satanás es el principal de todos ellos.

En 2 Corintios 4:4 se dice que Satanás, el dios de este mundo, ha cegado el entendimiento de los incrédulos. Si le preguntas a la mayoría de la gente, te dirán que creen en Dios, pero luego viven, actúan y piensan de formas que contradicen eso. Sus acciones, su mentalidad e incluso sus palabras no reflejan ese principio. Así que no es tan difícil para Satanás engañar a las masas "que no creen". Esto significa que Satanás ha infiltrado casi todos los aspectos de la vida humana. Desde la medicina hasta la ciencia, la educación, la política y el entretenimiento, Satanás tiene fortalezas. Y utiliza todas estas áreas para avanzar en su agenda. Y esa agenda se reduce a esto: separar al pueblo de Dios y dividir al pueblo de Dios. Si logra mantener a las personas ocupadas peleando entre sí sobre temas que nunca debieron ser motivo de debate, podrá impedir que el pueblo de Dios conozca verdaderamente a Dios como Padre. Esto lo vemos hoy en todas partes, debido a los medios y a celebridades que siembran semillas de división y separación.

Satanás también usa distracciones para apartar a las personas de su propósito. Las distracciones pueden ser una de las maneras más sutiles pero poderosas de impedir que la gente descubra o cumpla su propósito en Dios. Su energía, atención y recursos se desvían estratégicamente de lo que realmente importa, lo que a menudo conduce a oportunidades perdidas, metas no alcanzadas y falta de enfoque. Ceder con frecuencia a las distracciones puede crear hábitos de evasión y complacencia. La constante necesidad de atender distracciones genera sensación de agobio y deja poco espacio para la autorreflexión o para desarrollar los dones y talentos únicos que contribuyen al propósito de cada uno. Esto puede llevar a las personas a perseguir validación externa o metas artificiales que no están alineadas con su verdadero yo y con el propósito que Dios planeó para ellas. Cuando uno no vive en alineación, se vuelve fácil para Satanás colarse y vender sus mentiras. Con el tiempo, la salud mental y emocional también comienza a deteriorarse.

Satanás y sus demonios también traen tentaciones con el objetivo de mantener a las personas viviendo en pecado y separadas del Padre. Esa separación —el espacio que crea el pecado— tiende a expandirse y crecer con el tiempo. Esto se puede comparar con un bote que se va alejando lentamente de su punto de anclaje original. Sin un ancla, tarde o temprano la distancia será tan grande que resultará difícil identificar dónde estaba el punto inicial. Entonces tratamos de buscar a

Dios, pero como nos hemos alejado tanto, se nos hace difícil verlo o escucharlo. Nos sentimos perdidos y desorientados, así que buscamos distracciones para no enfrentar la verdad. No queremos mirar la causa de nuestra situación, solo queremos sentirnos mejor y buscamos consuelo.

Pero en esa búsqueda de consuelo, la complacencia entra en nuestra vida. Nos acostumbramos a no estar conectados con Dios y lo justificamos diciendo que "hacemos lo mejor que podemos con lo que tenemos". Pero, ¿realmente es así? El plan de Satanás es crear esa separación de Dios. Es muy astuto y usa impulsos humanos para lograr su objetivo. Uno de esos impulsos es nuestra necesidad de evitar el dolor. Así que cuando buscamos comodidad para evitar el dolor, le damos espacio a Satanás o a sus demonios para entrar y provocar esa desconexión. Aunque empiece lentamente y pase desapercibido, esa grieta puede crecer rápidamente. Y como estamos cómodos, no nos importa tanto. Al final, Satanás habrá cumplido su propósito.

Debemos aprender a ver más allá de las personas. El verdadero enemigo acecha en las sombras del mundo invisible. En Efesios 6:12 se afirma que "no tenemos lucha contra carne y sangre, sino contra principados, contra potestades, contra los gobernadores de las tinieblas de este siglo, contra huestes espirituales de maldad en las regiones celestes". Satanás y sus demonios trabajan a través de las personas y tienen seguidores que cumplen sus órdenes. Tiene influencia sobre quienes no están conectados con Dios, y esa influencia puede manifestarse de muchas maneras. Se ha dicho que si no conocemos a nuestro enemigo, perderemos cada batalla que enfrentemos. Muchas personas creen que Satanás no es real, o al menos, que no es un ser real. Y sin embargo, vemos tantos ejemplos de su influencia en todas partes. Pero como no lo reconocemos así y lo atribuimos simplemente a "los signos de los tiempos", se vuelve más fácil para Satanás y sus demonios ejercer influencia sobre nuestras vidas. Esa influencia puede manifestarse como malos hábitos, pensamientos pecaminosos, conductas autodestructivas, ansiedad o incluso depresión. Solo basta rascar un poco la superficie para ver la causa raíz: Satanás o sus demonios se han instalado en tu espacio, y si no haces algo consciente para expulsarlos, luego será mucho más difícil hacerlo una vez que hayan ganado terreno. Esta es una guerra contra Dios. Y estamos justo en medio de ella. Debemos elegir un bando. No podemos quedarnos en la cerca, porque Satanás es dueño de la cerca. El cristianismo tibio no tiene cabida en esta batalla constante, porque lo que está en juego vale mucho más de lo que podemos imaginar. Elige un lado y entrégate por completo a ese lado.

Capítulo 2 – El Desvanecimiento Lento

"El pecado comienza con un solo pensamiento. En el momento en que damos lugar a ese pensamiento, damos lugar al diablo." – Watchman Nee

Ha habido un lento y gradual desvanecimiento hasta llegar a donde estamos hoy como sociedad. Cosas que antes eran esotéricas y estaban ocultas a plena vista ahora se proclaman y glorifican abiertamente. Lo que antes era vilipendiado ahora se ha vuelto glamorizado. Y para el ojo que no discierne, es fácil dejarse arrastrar por este estilo de vida de "haz lo que quieras", que básicamente significa haz lo que te haga sentir bien. Quieren que creas que la vida es corta y que debes disfrutar cada gota de ella porque solo se vive una vez. Ese tipo de pensamiento ha hecho que muchos cristianos vivan en tibieza, y Apocalipsis 3:15-16 dice: *"Yo conozco tus obras; no eres frío ni caliente. ¡Ojalá fueras frío o caliente! Pero por cuanto eres tibio, y no frío ni caliente, te vomitaré de mi boca."* Debemos recordar lo que dice 1 Juan 2:15-16: *"No améis al mundo, ni las cosas que están en el mundo. Si alguno ama al mundo, el amor del Padre no está en él. Porque todo lo que hay en el mundo—los deseos de la carne, los deseos de los*

21

ojos y la vanagloria de la vida—no proviene del Padre, sino del mundo." Sí, la vida es corta, pero debemos recordar que la eternidad es muy larga. Y la forma en que vivimos aquí determina dónde viviremos después: Cielo o Infierno.

Hay una línea muy fina entre la luz y las tinieblas, y hoy los cristianos están bailando sobre esa línea, yendo alegremente de la luz a la oscuridad y de vuelta a la luz. Eso es exactamente lo que Satanás y sus demonios quieren. Quieren que vivamos en ese terreno intermedio. Quieren que no sepamos lo que realmente significa ese terreno intermedio, y que estemos tan inmersos en nuestras vidas y en nosotros mismos que no nos demos cuenta del peligro que hay ahí. El terreno intermedio es el nuevo frente de batalla. Es donde se libra la guerra por el mundo y donde Satanás hace la mayor parte de su trabajo. Efesios 4:27 dice: *"Ni deis lugar al diablo."* Porque una vez que él tiene un punto de apoyo en tu vida, aunque sea por accidente, eso te abre la puerta a mucha más confusión. En esa confusión, te confinas cada vez más a ese terreno intermedio y el ciclo perpetuo de pecado y separación puede desarrollarse rápidamente.

Es fácil caer en las trampas de Satanás porque se reviste de las cosas de este mundo: en el arte, la ropa, la música, las películas, los académicos, los líderes e incluso los héroes. 2 Corintios 11:14 dice: *"Y no es maravilla, porque el mismo Satanás se disfraza como ángel de luz"*, lo que significa que puede capitalizar nuestra inclinación hacia la luz como una manera de engañarnos.

Vemos a Satanás y a sus demonios a diario, pero no en la forma que imaginamos, y por eso no le damos mucha importancia. Pero cuando nos quedamos de brazos cruzados y actuamos como si él no existiera o nos volvemos indiferentes a él y a todos sus engaños, ya hemos perdido. Ya caímos en la trampa y nos hemos convertido en víctimas de esta guerra espiritual que lleva mucho tiempo librándose.

Antiguamente, la vida se veía más como un campo de batalla. Se consideraba una lucha constante por evitar el infierno y vivir de tal manera que se llegara al cielo. La creencia rectora era: "Vive bien para morir bien, para que puedas vivir de nuevo en el Cielo." Nuestros abuelos y bisabuelos pasaban la mayor parte de sus días leyendo la Biblia y orando. Hoy parece ser todo lo contrario. La vida y todo lo que conlleva se ve más como un parque de juegos que como un campo de batalla. En lugar de ver la Tierra como una tierra extranjera, nos hemos acomodado aquí. Hemos perdido de vista que estamos en guerra y que nuestro verdadero enemigo merodea como un león sigiloso buscando maneras de ganar almas para su reino. En vez de prepararnos para la batalla, estamos bailando con el diablo y revolcándonos en el pecado. En vez de luchar, jugamos. En vez de prepararnos para esta guerra espiritual, cerramos los ojos como si no fuera real. Vivimos según nuestros deseos carnales y luego racionalizamos nuestras acciones con creencias "nueva era" de tolerancia. Tal vez no estemos asesinando, recurriendo a la violencia o cometiendo adulterio, pero a los ojos de Dios, el pecado es pecado. Y la confusión que proviene de ese pecado puede mantenernos en ese terreno intermedio donde Satanás quiere que estemos.

Se dice que la diferencia entre un cordero y un cerdo es que, cuando el cordero cae en el barro, rápidamente quiere salir; el cerdo, en cambio, quiere quedarse ahí y revolcarse todo lo que pueda. Está muy cómodo en esa suciedad. Eso nos lleva a la pregunta: ¿somos más como el cerdo o como el cordero en esta parte de nuestra vida? Porque ese terreno intermedio no es un lugar donde la seguridad y la salvación puedan encontrarse fácilmente.

No es suficiente con ver clips cortos de un sermón y considerarlos sustitutos adecuados para enderezar nuestros caminos torcidos. No podemos simplemente publicar versículos en redes sociales y esperar que nuestra suciedad se lave. Debemos cortar deliberadamente el pecado de nuestras vidas y vivir de acuerdo con las instrucciones de la Biblia. La indiferencia ya no puede ser una opción. Satanás depende de nuestra indiferencia y nuestra ignorancia para infiltrarse en nuestras vidas. La grieta o apertura más pequeña y Satanás o sus fuerzas demoníacas se deslizarán para establecer residencia en nuestras vidas.

Solía dejar la puerta de mi garaje un poco abierta para ventilarlo mientras hacía ejercicio allí. Incluso a veces la dejaba abierta toda la noche por accidente, y por la mañana me sentía agradecido de que todo estuviera en su lugar. Me preocupaba que alguien entrara y robara mis cosas. No sabía que lo que debía preocuparme no era que otra persona intentara robarme, sino que roedores usaran mi garaje como su nuevo lugar de descanso y reproducción. Este "enemigo invisible para mí" que nunca veía dejaba pruebas de su existencia: excrementos de rata por todas partes, cajas roídas y olores característicos.

Con el tiempo, esas ratas se volvieron tan descaradas que empezaron a mostrarse sin miedo, lo que comenzó a provocar temor en mí. Tuve que tomar la decisión de colocar todo tipo de trampas y usar todos los medios posibles para librar mi garaje de esa infestación. Así es con estas cosas espirituales. Abrimos puertas a nuestras vidas, ya sea a propósito o por accidente. Al principio puede que no sea tan obvio que algo se ha infiltrado. Con el tiempo, sin embargo, comenzará a aparecer evidencia, pero para el ojo que no discierne, será simplemente ansiedad, depresión, pesadillas, pensamientos intrusivos o mala suerte. Cualquier causa física a la que se le pueda atribuir será la que reciba el crédito, y cualquier causa espiritual se descartará rápidamente. Eventualmente, sin embargo, llegará un punto en que estos demonios serán tan descarados que ya no se esconderán ni se disfrazarán. Te harán saber directamente que están presentes, y en ese momento puede volverse aterrador y más difícil de manejar. La idea es no permitir que llegue tan lejos. Pero al final, todos se inclinan ante el Único Dios Verdadero y Rey de Reyes.

Capítulo 3 – Fortalezas

"Una fortaleza es un patrón de pensamiento arraigado que es contrario a la Palabra de Dios. Es una mentira que el diablo te ha convencido de que es Verdad" -Tony Evans

En las Escrituras, una fortaleza suele verse como un lugar fortificado, algo fuertemente protegido y casi impenetrable. Aunque las fortalezas pueden ser algo positivo cuando se refiere a Dios como nuestro refugio, como declara el Salmo 18:2, en el Nuevo Testamento se mencionan más a menudo en un sentido más siniestro. En 2 Corintios 10:4-5, Pablo escribe que "las armas de nuestra milicia no son carnales, sino poderosas en Dios para la destrucción de fortalezas, derribando argumentos y toda altivez que se levanta contra el conocimiento de Dios". Estas fortalezas no siempre son físicas. Pueden ser barreras espirituales, emocionales y mentales que mantienen a las personas atrapadas en ciclos de adicción, ansiedad, depresión, autodestrucción, engaño y pecado.

Las fortalezas son áreas en nuestra vida donde el enemigo, de manera sutil y con el tiempo, ha construido una estructura de mentiras, ladrillo por ladrillo. Algunas veces, una fortaleza comienza con una herida, algo no resuelto o doloroso. Y en lugar de buscar sanidad, el enemigo susurra que escapar es la única respuesta viable. Con el tiempo, se forma un patrón y lo que empezó como una solución temporal se convierte en una prisión. Aquello que una vez hicimos para aliviar los síntomas ahora se ha convertido en una muleta que nos mantiene atrapados.

Otras fortalezas pueden alimentarse de la mentira de que somos inútiles, no amados o irremediables. Los pensamientos suicidas son, muchas veces, el desenlace devastador de una fortaleza que le dice a alguien que no tiene esperanza, ni futuro, ni valor. Estas son mentiras que contradicen directamente la Palabra de Dios. Pero, como no llenamos nuestra copa con la Palabra de Dios, nos dejamos hipnotizar por las mentiras de este mundo. 2 Corintios 10:5 nos dice que "...llevemos cautivo todo pensamiento para que se someta a Cristo". Esto significa que cualquier pensamiento que no llevemos cautivo a la obediencia de Jesucristo nos hará cautivos del enemigo de Cristo. Satanás y sus demonios atacan la mente, y debemos saber cómo oponernos a esos ataques.

Se ha dicho que una fortaleza es una puerta abierta fortificada satánicamente. Es donde Satanás toma autoridad cuando le concedes acceso. El hecho de que la puerta esté abierta es lo que le da acceso, pero la fortaleza es la forma en que construye caminos más firmes cuando le sigues permitiendo la entrada. En otras palabras, cuando no haces nada para cerrar la puerta, mientras más tiempo permanezca abierta, más fortalezas él construirá detrás de ella. Y no solo protege la puerta, sino que intenta llenar todos los espacios detrás de la puerta. Al hacerlo, la fortaleza se vuelve más difícil de erradicar y superar.

Otros tipos de fortalezas se crean al involucrarse en cosas oscuras y ocultistas, así como en conductas consistentes con el pecado. Cuando seguimos dando permiso a Satanás, sea consciente o inconscientemente, ayudamos a construir y reforzar fortalezas. Es importante tener la autoconciencia necesaria para ver cómo estamos contribuyendo a estas cosas que nos mantienen atrapados. Porque lo último que queremos es seguir haciendo lo mismo y preguntarnos por qué no obtenemos resultados diferentes.

La tragedia de las fortalezas es que a menudo se sienten como verdad, especialmente en el momento. Los pensamientos y emociones que producen parecen tan reales, tan poderosos y tan arraigados, que se vuelve difícil distinguirlos de quiénes somos realmente y de lo que esas fortalezas nos están diciendo. Pero la Palabra de Dios trae claridad y poder. Ilumina los lugares oscuros y expone los planes del enemigo por lo que son. La verdad es que, en Cristo, no estamos indefensos. Estamos equipados con armas espirituales como la oración, las Escrituras, la adoración y la autoridad del Espíritu Santo. Podemos usarlas para derribar estas fortalezas y reclamar el territorio de nuestra mente y corazón que le pertenece a Dios.

Sin embargo, la transformación no siempre ocurre de la noche a la mañana. Pero, a medida que renovamos nuestra mente con la verdad, como nos dice Romanos 12:2, los muros comienzan a caer y las fortalezas comienzan a perder su fuerza. Así que, aunque las fortalezas puedan parecer inamovibles, no son más fuertes que Aquel que libera a los cautivos. La sanidad es posible y la libertad es real. Y cada mentira que nos ha mantenido en esclavitud puede ser destrozada por la verdad de quiénes somos en Cristo. Pero debemos ser constantes en nuestro caminar y vivir de manera coherente con la verdad bíblica. Solo así las fortalezas perderán su control y podremos recuperar nuestra soberanía bajo Dios Padre.

Capítulo 4 – Dar Lugar al Diablo

"Si le das un paseo al diablo, él querrá conducir." –
Dwight L. Moody

La presencia de una entidad maligna es algo que normalmente se muestra en películas de terror, pero la verdad es que los demonios sí existen. Estamos entrenados para creer que solo existe esta realidad regida por lo que podemos ver, oír y tocar. Cualquier cosa más allá de eso no se considera real, sino producto de nuestra imaginación. Sin embargo, basta con observar cómo están hechos nuestros ojos, que solo pueden detectar longitudes de onda de luz de aproximadamente 380 a 750 nanómetros, para ver que nuestra visión es muy limitada.

Podemos ver rojos, naranjas, amarillos, verdes, azules y violetas. Pero más allá de ese rango existe un mundo que no podemos percibir. La luz infrarroja, que está justo más allá del rojo, y la luz ultravioleta, que está justo más allá del violeta, son completamente invisibles para nosotros. Pero no para todos los organismos. Pájaros, gatos e incluso perros, entre muchos otros animales, pueden ver mucho más allá de lo que nosotros vemos. Estamos limitados en lo que realmente podemos percibir.

Así que decir que lo único que existe es lo que podemos ver físicamente con nuestros propios ojos es completamente falso. Y en el fondo lo sabemos. Lo vemos cuando percibimos algo fugazmente o con el rabillo del ojo. Pero cuando volvemos a mirar, no hay nada ahí. Asumimos que son trucos de la vista y lo dejamos pasar. Puede que algo realmente estuviera ahí y que nuestros sentidos más altos lo hayan captado, pero lo descartamos porque no pudimos percibir completamente esa otra dimensión de la realidad. Y como hemos sido enseñados a creer en Dios solo a un nivel superficial, creemos que el mundo espiritual no es real y que nuestra mente siempre nos engaña. Pero los demonios son reales, así como lo es Satanás. Y si se les permite entrar en nuestra vida porque subestimamos esa otra dimensión o dejamos puertas abiertas, estas entidades pueden atraer rápidamente a otras, y su descaro terminará siendo imposible de ignorar.

Hay muchas formas en que las personas dan lugar al diablo en sus vidas. Lo obvio viene de coquetear con el pecado. Otras maneras no son tan evidentes. Por ejemplo, nuestras decisiones sobre qué pensamientos albergar pueden dirigirnos hacia la luz o hacia la oscuridad. Ninguno de nosotros puede controlar qué pensamientos llegan a nuestra mente, pero sí podemos controlar en cuáles nos enfocamos, en cuáles nos detenemos y en cuáles nos sumergimos. Nuestra mente puede compararse a un archivador con todo tipo de cosas que hemos leído, visto o escuchado a lo largo de los días, semanas, meses y años. A veces, debido a un olor, un sonido o un recuerdo, nuestra mente recupera inconscientemente uno de esos "archivos" y lo vuelve a reproducir.

No todos esos "archivos" son buenos o de Dios. Algunos fueron grabados en épocas de pecado o cuando dabas cabida a la oscuridad. Por eso es importante llenar ese archivador con Escritura y todo lo que sea centrado en la luz y en lo bíblico. Filipenses 4:8 dice: *"Todo lo que es verdadero, todo lo honorable, todo lo justo, todo lo puro, todo lo amable, todo lo que es de buen nombre; si hay virtud alguna, si hay algo digno de alabanza, en esto pensad."* Así llenamos conscientemente nuestros "archivos" de cosas nobles y dignas para que, cuando nuestra mente recupere algo, esté más centrado en lo que edifica y honra a Dios.

Otra manera en que los cristianos dan lugar al diablo es al albergar pecado. Vivir según la carne, satisfaciendo los deseos del cuerpo, puede dar un placer momentáneo. Y la naturaleza humana busca evitar el dolor y ganar placer. Pero tener una perspectiva a largo plazo es lo que significa el cristianismo: elegir lo que más queremos por encima de lo que queremos ahora. En la cultura actual, esto no es popular, pero es crucial si queremos ganar esta guerra espiritual. Se trata de jugar "ajedrez" a largo plazo mientras el resto del mundo juega "damas" a corto plazo. Así obtenemos ventaja y así heredamos el Reino de Dios.

Otra forma común de dar lugar al diablo es coquetear con prácticas oscuras y ocultistas: leer el tarot, que te lean la mano, visitar a un médium o jugar con la Ouija. Todas estas prácticas abren una puerta espiritual para que entre el mal. A veces, este mal se disfraza de un familiar fallecido, conociendo información personal para engañar y convencer de su autenticidad. Pero hay que dejarlo claro: no son familiares muertos, sino espíritus y demonios con acceso a información que usan para ganarse nuestra confianza. Utilizan trucos para parecer poderosos, pero son meras representaciones que se desmoronan ante la fe y el poder que el nombre de Yeshua (Jesús) tiene. La clave es evitar cualquier cosa que abra estas puertas, porque una vez abiertas, se convierten en un acceso libre.

Amuletos, talismanes, joyas o ropa con el "Ojo que Todo lo Ve" (Ojo de Horus o "Evil Eye") también se han popularizado. A simple vista, parecen moda o tendencia, pero glorifican principios demoníacos y actúan como señales para atraer influencia maligna. Lo mismo sucede con el uso cultural moderno de la palabra "GOAT" (Greatest Of All Time – el mejor de todos los tiempos), que en la Biblia simboliza separación de Dios, como en la parábola de las ovejas y los cabritos (Mateo 25:31-46). El cabrito también es el símbolo de Baphomet, imagen ocultista asociada a Satanás.

Otros símbolos como la cruz invertida o el pentagrama invertido rinden homenaje a Satanás, ya sea consciente o inconscientemente. Estos símbolos, en joyería, ropa, velas, estatuas o arte, facilitan que el diablo establezca un punto de apoyo. Lo ideal es evitarlos completamente.

Orar a estatuas como la "Santa Muerte", Buda, la Virgen María o santos/apóstoles también es idolatría. Éxodo 20:3 dice: *"No tendrás dioses ajenos delante de mí."* Dios prohibió fabricar imágenes talladas para evitar que se adoraran objetos físicos. Deuteronomio 4:15-18 recuerda que Dios nunca mostró forma física alguna porque quería evitar la idolatría. Hoy hemos olvidado eso.

La música es otra puerta que fácilmente damos al diablo, porque penetra sin pedir permiso en nuestra mente, corazón y alma. Una melodía pegadiza y letras repetitivas pueden convertirse en mantras que moldean pensamientos y creencias sin darnos cuenta. Muchos artistas, conscientemente o no, introducen brujería en la música, usando repeticiones para incrustar mensajes en el subconsciente. Como en la escuela, donde aprendimos el abecedario con una canción, la música une memoria y repetición de forma poderosa. Por eso es vital discernir si lo que escuchamos alimenta la carne o el espíritu. No podemos pretender vivir para Jesús y disfrutar de aquello de lo que Él murió para liberarnos.

Incluso objetos como los atrapasueños, ligados a creencias paganas, abren puertas espirituales contrarias a la Biblia (Deuteronomio 18:10-12). También las ideologías de la Nueva Era, la astrología, el uso de cristales, el ocultismo y ciertas prácticas como el yoga —con raíces espirituales incompatibles con la fe cristiana— son herramientas que Satanás usa para desviar la confianza del Creador.

En resumen, hay muchas cosas aceptadas por la sociedad que pueden tener influencia maligna.

Como dice Isaías 5:20: *"Ay de los que a lo malo dicen bueno, y a lo bueno malo..."* Nuestras decisiones y hábitos determinan si los espíritus tienen permiso legal para oprimirnos. Los demonios no pueden entrar sin acceso: ese acceso se abre con pecado, orgullo, idolatría, traumas no tratados o rebeldía contra Dios. Efesios 4:27 nos advierte: *"Ni deis lugar al diablo."*

Cuando los demonios obtienen acceso, no vienen a jugar: vienen a controlar. Pero como hijos de Dios, tenemos autoridad en Cristo para rechazarlos. La pregunta es: ¿estamos guardando nuestras puertas —mente, corazón y alma— o inconscientemente les estamos dando permiso?

Capítulo 5 – Símbolos

"Los símbolos son el lenguaje del alma, un puente entre lo visible y lo invisible, que revela verdades que las palabras por sí solas no pueden capturar." – Autor desconocido

Los símbolos son el lenguaje que Satanás y sus entidades demoníacas emplean a través de sus contrapartes humanas. Lo hacen como un medio para influir y dirigir la cultura en la dirección que elijan. Usan a celebridades, músicos, atletas profesionales y figuras políticas para mostrar y repetir estos símbolos, porque quieren que estemos hipnotizados. Quieren que estos símbolos se utilicen repetidamente en todo tipo de entornos para que sean vistos como algo "cool", de moda, popular y tendencia. Pero para el ojo que discierne, ese mismo simbolismo que usan para influir en la cultura y ostentar su lealtad, será también el medio por el cual se produzca su caída, especialmente cuando ocurra el gran despertar masivo.

Se ha dicho que una vez que la gente aprenda a leer y entender el lenguaje de los símbolos, se levantará un gran velo y todo será revelado. Desde el simple gesto de la mano en señal de "OK" hasta el cubrir un ojo en fotos, los símbolos son la forma de saber quién está "en el club" y quién no. Y al saber quién está dentro, uno puede discernir si esa celebridad realmente es quien dice ser o no, y a qué dios se refiere cada vez que habla de él.

Cuando pensamos en el gesto de "OK" con la mano, lo vemos como una forma inofensiva de decir que todo está bien. No vemos más allá de eso... hasta que entendemos cómo los dedos y la mano en esa posición forman un símbolo. Es en realidad tres números 6, dispuestos de forma sutil pero clara. El índice y el pulgar forman el círculo, y los tres dedos extendidos forman las líneas que completan cada seis. Tres seises, o 666, es el "número de la bestia" según Apocalipsis 13:18. Usan este símbolo en el aire o cubriendo un ojo, lo que de por sí es otro símbolo. Algunos lo hacen sin saberlo, pero cuando un atleta o celebridad posa para una foto así, casi siempre es intencional. Están rindiendo homenaje a su dios y, a la vez, intentando atraer a otros hacia lo mismo.

Cubrir un ojo, ya sea usando el símbolo de los tres seises o solo la mano, también tiene raíces oscuras. Representa el ojo que todo lo ve, comúnmente retratado como el Ojo de Horus, el Ojo de Ra o el llamado "Ojo Maligno" en religiones de la Nueva Era. En esencia, dicen que representa conocimiento o poder oculto, pero en realidad muestra lealtad a Satanás y lo que él representa.

La mano cubriendo la boca y el dedo índice vertical sobre los labios para decir "shhh" es otro símbolo que representa secreto y ocultismo. Muchas celebridades y atletas que han "vendido su alma" hacen este gesto como voto de silencio, popularizándolo para familiarizar a las masas y atraerlas con misterio y curiosidad.

En conciertos, raperos piden al público levantar el dedo medio, aparentemente para participar en la música. Pero cabe preguntarse: ¿por qué querrían que cientos o miles de personas apunten su dedo medio hacia el cielo? Tal vez sea su forma de hacer que el público, conscientemente o no, le diga "F— You" a Dios. Por absurdo que suene, estos satanistas tienen una agenda de enemistad contra Dios y usan cada oportunidad para oponerse a Él y alejar a su pueblo.

El gesto de "Rock On", que también significa "Te amo" en lenguaje de señas, tiene raíces en el satanismo. Hay variaciones con o sin el pulgar, pero el significado subyacente es el de "cuernos del diablo", exaltando a Satanás. Ya sea en un concierto, en fotos o en eventos deportivos, este símbolo es de naturaleza demoníaca. Mostrarlo, aunque sea por moda o sin mala intención, sigue siendo un acto de exaltación a Satanás. La ignorancia ya no es excusa; es hora de ver estos símbolos por lo que son y rechazar lo que no proviene de Dios.

El rayo se ha usado de forma tan subliminal que ya casi nadie nota su presencia. Aparece en bebidas energéticas, bandas de rock, canales de YouTube e incluso en la cicatriz del famoso joven mago de ficción. Está en joyas y ropa infantil, caricaturas y más. Lo que muchos no saben es que este rayo simboliza la caída de Satanás, pues Lucas 10:18 dice: *"…vi a Satanás caer del cielo como un rayo."*

El símbolo masón del compás y la escuadra, a menudo con la letra "G", es uno de los emblemas más reconocidos de sociedades secretas. En teoría, representan moralidad, virtud, sabiduría y autocontrol, pero a medida que los "iniciados" ascienden en grados, los rituales se vuelven más oscuros y ocultistas. Al final, encarnan tinieblas y sirven a Satanás.

El tablero de cuadros blancos y negros también tiene simbolismo masón, generalmente para representar la dualidad de la existencia. Sin embargo, también se asocia con control mental y programación, sin ningún enfoque en Jesús o la enseñanza bíblica.

La simbología egipcia, como el capstone de la pirámide, el Ojo de Horus o las figuras híbridas humanas con cabezas de animales, es parte del plan de Satanás para borrar a Dios de la ecuación. La cultura pop los ha adoptado como tendencia "espiritual", pero en el fondo, exaltan a Satanás.

El búho tiene sus raíces en Moloc, un dios cananeo mencionado en Levítico, Jeremías y 2 Reyes, asociado al sacrificio infantil y al fuego. Hoy, artistas lo usan como símbolo cultural, aun sin saberlo, en contra de Dios.

La mariposa monarca está ligada al programa de control mental MK Ultra de la CIA, iniciado en los años 50 con experimentos de manipulación psicológica, LSD e hipnosis. Este símbolo se usa en la industria musical como mensaje subliminal y como marca de adoctrinamiento.

Parte del ritual consiste en mostrarnos estos símbolos para que los aceptemos como moda. Hay una comunicación oculta ocurriendo, y al aceptarlos, participamos en ese ritual, aunque sea de forma pasiva.

Estos símbolos transmiten mensajes ocultos, muestran lealtad o afirman poder dentro de redes secretas. Su objetivo es familiarizarnos con su "religión" sin que parezca religión. La cultura es moldeada hacia el pecado de forma sutil para normalizarlo y hacerlo aceptable. Aunque parezcan inofensivos o tendencia, glorificar a Satanás, consciente o inconscientemente, sigue siendo invitar a la oscuridad y restar gloria a Dios.

Recordar que este mundo no es nuestro verdadero hogar nos ayuda a discernir que las cosas de aquí no siempre son lo que parecen ni buscan nuestro bien como cristianos. Aprender a leer el lenguaje de los símbolos levantará un gran velo: entonces su lealtad a las tinieblas será tan evidente que no podrá ser ignorada.

Capítulo 6 – Maldiciones Generacionales

"Las maldiciones generacionales no son solo cadenas del destino, sino patrones de dolor que se transmiten hasta que alguien es lo suficientemente valiente como para romperlas y elegir la sanidad por encima de la historia."
— Autor desconocido

Las maldiciones generacionales son ejemplos de situaciones en las que se ha permitido que los demonios entren en nuestras vidas debido a algo que un miembro de la familia hizo o a lo que estuvo expuesto. Esta idea de las maldiciones generacionales puede sentirse abrumadora, especialmente cuando las personas notan patrones dañinos como adicción, pobreza, ira, auto-sabotaje o relaciones rotas que siguen apareciendo en sus vidas. Estas son solo algunas de las muchas formas en que estas maldiciones pueden manifestarse, repitiéndose en sus familias y transmitiéndose de generación en generación.

La Biblia reconoce que las consecuencias del pecado pueden afectar a múltiples generaciones. Por ejemplo, Éxodo 34:7 explica que Dios *"visita la iniquidad de los padres sobre los hijos y los hijos de los hijos, hasta la tercera y la cuarta generación"*. Esto no significa que Dios castigue a personas inocentes por los errores de sus antepasados, sino que muestra cómo las consecuencias del pecado pueden extenderse por las familias durante generaciones.

Sin embargo, la Biblia también deja claro que las personas no están condenadas a repetir los pecados de sus padres. Ezequiel 18:20 dice: *"El alma que pecare, esa morirá; el hijo no llevará el pecado del padre, ni el padre llevará el pecado del hijo."* Este versículo enfatiza la responsabilidad personal, lo que significa que cada persona tiene el poder de elegir un camino diferente.

Aún más alentadora es la esperanza que se encuentra en Jesucristo. Gálatas 3:13 declara: *"Cristo nos redimió de la maldición de la ley, hecho por nosotros maldición."* Esto significa que, mediante la fe en Jesús, los creyentes ya no están atados a pecados pasados o patrones familiares destructivos. La gracia de Dios rompe cadenas, ofreciendo libertad y un nuevo comienzo. De hecho, la misericordia de Dios es aún más poderosa que cualquier maldición. Deuteronomio 7:9 nos recuerda que Dios guarda Su pacto de amor por *"mil generaciones a los que le aman y guardan sus mandamientos"*. Así que, aunque las luchas generacionales sean reales, no son más fuertes que el amor y la redención de Dios. A través de la oración, la fe y decisiones intencionales, las familias pueden iniciar nuevos legados de sanidad, paz y bendición, rompiendo toda esclavitud generacional.

El problema está en el pecado. Cuando seguimos viviendo en pecado, damos poder a las maldiciones generacionales que afligieron a nuestros antepasados.

La vida de cada persona importa infinitamente más de lo que puede imaginar, para bien o para mal. Se ha dicho que si no matamos violentamente al leviatán del pecado en nuestro corazón, mente y cuerpo, lo alimentaremos sin darnos cuenta. Y lo que entreguemos a nuestros hijos será un enemigo más grande y más fuerte que el que nosotros tuvimos que enfrentar. Cuando luchamos para romper la esclavitud del pecado o de la adicción, no lo hacemos solo por nosotros mismos; lo hacemos por las generaciones venideras. Porque lo mismo es cierto con las bendiciones generacionales.

No hay punto intermedio. O entregamos a nuestros hijos maldiciones o bendiciones, esclavitud o libertad, Cielo o Infierno. Estamos luchando por cada persona que vendrá después de nosotros en el árbol genealógico; por nuestra descendencia. Por eso debemos tener una visión generacional del impacto que nuestras acciones pueden causar. Ya no es posible ser pasivos en esto. Satanás quiere que pensemos de hora en hora, de día en día, de imagen en imagen, de desplazamiento en desplazamiento. Pero debemos ser conscientes de que todo lo que elegimos hacer, cada acción y cada pensamiento, tiene una consecuencia. Y como dice 2 Corintios 10:5, debemos llevar cautivo todo pensamiento y hacerlo obediente a Cristo. Tenemos que volver a hacer las cosas con intención y propósito. Porque todo lo que enfrentamos en nuestra vida se convertirá en bendición o en maldición para las generaciones que vienen.

Capítulo 7 – Falsificaciones de Satanás

"El camino más seguro al Infierno es el gradual: la pendiente suave, mullida bajo los pies, sin giros bruscos, sin hitos, sin señales." – C.S. Lewis

El diablo intentará imitar el poder del Espíritu Santo. En Éxodo, Moisés entregó el mensaje al faraón: "Deja ir a mi pueblo." El faraón, obstinado, exigió una señal de Dios, y fue entonces cuando Moisés instruyó a Aarón que arrojara su vara al suelo. Allí mismo, la vara se transformó en una serpiente. A pesar de esta poderosa demostración, el faraón permaneció impasible e instruyó a sus magos para que imitaran el milagro. Y lo hicieron. Sin embargo, la serpiente de Aarón devoró a las suyas, demostrando quién tenía el verdadero poder de su lado. Entonces, ¿cómo podemos saber o distinguir entre el poder del Espíritu Santo y las falsificaciones demoníacas?

Las imitaciones de Satanás no son ni de lejos tan poderosas como las de Dios, aunque él quiera hacernos creer lo contrario. Cuando Pablo escribe a los corintios sobre los dones del Espíritu Santo en 1 Corintios 12:1-3, dice: *"No quiero que ignoréis esto: cuando erais gentiles, se os extraviaba y se os llevaba, como se os llevaba, a los ídolos mudos. Por tanto, os hago saber que nadie que hable por el Espíritu de Dios llama anatema a Jesús; y nadie puede llamar a Jesús Señor, sino por el Espíritu Santo."* En pocas palabras, el poder demoníaco no glorifica a Jesús. El poder demoníaco glorifica al hombre: su carne, sus logros, sus habilidades y su inteligencia; pero el poder del Espíritu Santo pone el enfoque en glorificar a Dios. Reconoce que todo lo que somos, todo lo que tenemos y todo lo que es posible es únicamente por Dios. La carne no cuenta para nada. El poder del Espíritu Santo siempre señalará a Jesús. Y 1 Juan 4:1 nos dice: *"Amados, no creáis a todo espíritu, sino probad los espíritus si son de Dios; porque muchos falsos profetas han salido por el mundo."* Debemos probar todo conforme a la Escritura y a los estándares bíblicos porque Satanás es un maestro de las falsificaciones.

Hebreos 11:1-3 declara: *"Lo que se ve fue hecho de lo que no se veía."* Este poderoso mensaje sobre la fe también nos da una idea de la realidad: hay dos ámbitos que forman una sola realidad. Está el ámbito invisible del espíritu y el ámbito que habitamos físicamente. Somos una sola persona en dos partes: tenemos un cuerpo físico y un alma espiritual.

Nuestro cuerpo físico fue creado para este mundo y nuestra alma para conectarse con Dios en el ámbito espiritual. Lo que experimentamos como seres humanos corresponde a la realidad que Dios hizo. Y así como hay seres que habitan el mundo físico —otras personas— también hay seres que habitan el mundo espiritual, que son ángeles y demonios. Todos comenzaron como ángeles, mensajeros y ministros. En Apocalipsis 12 se menciona una guerra en el cielo y que Satanás decidió usurpar a Dios. Por orgullo, él y un tercio de los ángeles se rebelaron contra Dios y fueron expulsados del cielo.

Desde entonces, Satanás ha usado cada oportunidad para intentar vengarse de Dios. Por su enemistad hacia Él, invierte todo lo que es de Dios. Todo lo que Dios crea, Satanás lo falsifica. Todo lo que Dios construye, Satanás lo rompe. Todo lo que Dios tiene, Satanás intenta robarlo. El tercio de ángeles que cayó con él adoptó su enemistad contra Dios. Siguen siendo seres sobrenaturales, pero no son iguales a Dios, y Satanás no es el opuesto de Dios. El opuesto de Satanás sería Miguel el arcángel. Satanás no puede ser equivalente a Dios porque Dios lo creó. Es un ser creado y, por lo tanto, no puede estar al mismo nivel que el Creador. No es omnisciente, omnipresente ni omnipotente. Satanás actúa dentro de las limitaciones de los seres creados, lo que le obliga a ser estratégico.

Satanás y sus huestes observan el comportamiento, las acciones y las palabras humanas. Como cualquier observador atento, pueden deducir patrones, debilidades, deseos y tendencias. Pecados o luchas repetidas revelan vulnerabilidades. Palabras dichas en frustración, miedo o ira pueden indicar conflictos internos o dudas. Satanás comprende profundamente la naturaleza humana; la ha estudiado por milenios y conoce los patrones comunes del pecado, la tentación y la caída moral. Puede crear tentaciones adaptadas a nuestras debilidades sin necesidad de "leer mentes": orgullo, codicia o lujuria para alejarnos de la voluntad de Dios; miedo o ira para sembrar división y duda. Son maestros en manipular la naturaleza humana porque han pasado siglos perfeccionando su estrategia. Juan 8:44 lo llama "padre de mentira". Usa información distorsionada, verdades a medias o versiones retorcidas de la verdad para engañar y confundir. No necesita omnisciencia, solo astucia y táctica. Sembrar dudas sobre la bondad de Dios, convencer de que nuestros pecados son imperdonables o que a Dios no le importamos son formas de mantenernos atrapados en la culpa y la auto-sabotaje.

Así como en el ejército hay rangos —comandante, general, coronel— también el reino demoníaco tiene su jerarquía. Satanás y los ángeles caídos operan en un sistema de rangos, ejecutando su misión de herir a Dios y corromper a la humanidad. Por eso, lo que enfrentamos no es solo una guerra física diaria; hay una guerra detrás de esa guerra. Y en ese plano invisible ocurren cosas que afectan directamente el plano físico.

El libro de Daniel habla de esta guerra espiritual. Daniel ayunó y oró durante 21 días pidiendo perdón para el pueblo de Israel y la misericordia de Dios. Un ángel se le apareció y le explicó que la demora se debió a una lucha con el "príncipe del reino de Persia". Este ser espiritual, probablemente demoníaco, se oponía a la misión del ángel hasta que Miguel, el arcángel, vino en su ayuda. Esto muestra la realidad del conflicto espiritual en el plano invisible y que los ángeles combaten directamente contra fuerzas demoníacas poderosas que se oponen a los planes de Dios. También revela que el plano físico está influenciado por fuerzas espirituales —buenas y malas— y que los propósitos de Dios se cumplen mediante intervención divina en el ámbito celestial.

Sabiendo esto, debemos entender que hay mucho más ocurriendo en un nivel que no podemos ver ni comprender. La clave es poner nuestra confianza en Dios y vivir según los estándares que Él estableció.

Haciendo esto, las falsificaciones de Satanás no tendrán cabida en nuestra vida, sin importar lo que suceda en ese plano invisible.

Capítulo 8 – ¿El dios de este mundo?

"El mayor truco que el diablo jamás logró fue convencer al mundo de que no existía." – Charles Baudelaire

La Biblia menciona que Satanás es el dios de este mundo. Y debido a que lo es, es importante entender que ha estado aquí desde hace muchísimo tiempo y ha tenido oportunidades estratégicas para infiltrarse en todos los aspectos de nuestra forma de vida. Una de las formas más decisivas ha sido a través de la industria del entretenimiento. El cine, la música y los medios de comunicación son herramientas poderosas para influir en la cultura y las tendencias sociales, y sirven como un mecanismo eficaz para moldear percepciones y valores. Si Satanás realmente ha infiltrado estas áreas, le sería fácil inyectar sutilmente fragmentos de sí mismo para que los seguidores de Cristo sean más fácilmente contaminados o desviados.

Considera la idea de que Satanás, con acceso a grandes empresas influyentes y a la élite, esté incrustando mensajes y símbolos encubiertos en el tejido del entretenimiento popular. No se trata de meras libertades artísticas, sino de marcadores intencionales. Funcionan como migas de pan, insinuando agendas, anticipando eventos futuros o diseñados para estimular la carne y provocar tentación.

Estas narrativas y símbolos, entretejidos en películas, programas y música, a menudo pasan desapercibidos para las masas o se descartan como coincidencias o caprichos creativos. Sin embargo, su presencia puede tener un propósito más profundo. Quienes orquestan esto operan con una inquietante confianza que se alimenta de nuestra ignorancia colectiva. La revelación sutil de planes, el mensaje subliminal centrado en glorificar el pecado y el anticipo de eventos son el corazón de cómo quieren dirigir la cultura. Esa es la esencia de su estrategia: ocultar la verdad a plena vista y alejar a la gente de Dios. Difunden sus planes por todo el paisaje cultural, seguros de que pocos unirán las piezas del rompecabezas.

Las sociedades secretas, ya sea plenamente cómplices o siguiendo ciegamente este juego con Satanás y sus fuerzas demoníacas, impulsan una agenda que exalta las tinieblas y erosiona la presencia de Dios. Como estrategas en un gran engaño, invierten la realidad, presentando la mentira como verdad y la verdad como mentira. De este modo, mantienen un velo espiritual sobre los ojos de las masas. Creen tener inmunidad para evadir cualquier rendición de cuentas, espiritual o de otro tipo. Sienten que han cumplido su obligación al revelar sus intenciones o al incluir a las masas en el ritual. Y, como lo expusieron de antemano, sienten que se han absuelto de cualquier consecuencia o retribución kármica.

Se ha dicho que Satanás tiene un plan que ha estado en juego desde su caída. Si no puede volverte malo, te mantendrá ocupado. Te distraerá y hará que te concentres en todo lo que no importa realmente para que no prestes atención a lo que sí importa. Hará que gastes de más y que te endeudes para mantener un estilo de vida vacío y hueco. Así sentirás que hay vacíos en tu vida y estarás intentando llenarlos constantemente. Te obligará a trabajar largas horas e incluso a considerar dos empleos para llegar a fin de mes. Te desalentará de pasar tiempo con tu familia, porque sabe que cuando los hogares se desintegran, nacen problemas y maldiciones generacionales. Te mantendrá sobreestimulado con teléfonos inteligentes, televisión, computadoras e internet para que no escuches la voz de Dios ni tengas tiempo de leer la Biblia. Hará que persigas cosas materiales con la esperanza de llenar los espacios vacíos de tu vida.

Satanás pondrá modelos atractivos y cautivadores en portadas de revistas y en la televisión para mantenerte enfocado en la apariencia exterior. Así, estarás insatisfecho contigo mismo y con tu cónyuge. Procurará que los matrimonios estén demasiado agotados para la intimidad física, para que así se vean tentados a buscar en otro lugar. Reforzará figuras como Santa Claus y el Conejo de Pascua en las fiestas, de modo que el verdadero significado de esas celebraciones se minimice. Hará que trabajemos tanto con nuestras propias fuerzas que nunca lleguemos a ver el poder de Dios obrando en nuestra vida. Hará que nuestras vidas parezcan tan llenas de actividad que sintamos que no tenemos tiempo ni espacio para Dios. Y debido a que todo es tan acelerado, será fácil quedar atrapados en la rutina de la vida, olvidar quiénes somos, por qué estamos aquí y qué está realmente en juego. Pero si conocemos los planes de Satanás, o al menos sus intenciones, podremos usar ese conocimiento para ser más estratégicos en cómo vivimos.

No debemos subestimar el hecho de que Satanás es "el dios de este mundo" y, como dice 2 Corintios 4:4, *"El dios de este siglo cegó el entendimiento de los incrédulos..."* Aunque Satanás actualmente ejerce dominio sobre la ceguera espiritual de los perdidos, nosotros, los que seguimos a Cristo, hemos sido rescatados de su dominio, librados *"de la potestad de las tinieblas"* y trasladados *"al reino del Hijo"*, como afirma Colosenses 1:13. Debemos vivir cada día en congruencia con lo que enseña la Biblia, resistir al diablo, mantenernos firmes en la fe y compartir el evangelio que rompe la ceguera espiritual.

Porque una vez que se descorre el velo, llega una plena realización: estamos en este mundo pero no somos de él. Debemos tratarlo como una tierra extranjera, llena de trampas y señuelos diseñados para atraparnos. Debemos caminar con cuidado, dando cada paso con atención calculada y confiando en Aquel que ya ha vencido al gobernante de este mundo. Esa es la manera de honrar a Dios.

Capítulo 9 – La Carne

"La carne es una susurradora incansable, que tienta al alma con deseos que se desvanecen tan rápido como arden, mientras que el espíritu anhela lo que perdura más allá del efímero pulso de la pasión." – Autor desconocido

Romanos 8:6 dice: *"Porque el ocuparse de la carne es muerte, pero el ocuparse del Espíritu es vida y paz."* Esta palabra "carne" se refiere al cuerpo, a este cuerpo que tenemos mientras estamos aquí en la tierra. Y debido a que habitamos este cuerpo mientras estamos aquí, es fácil olvidar que somos mucho más. Es muy fácil quedar atrapados pensando que somos este cuerpo, y por eso queremos lo que el cuerpo quiere.

Somos mucho más que lo que vemos cuando nos miramos en el espejo. El cuerpo, esta versión externa de nosotros, no es quien realmente somos. Somos un alma inmortal y un espíritu que habita este cuerpo. El cuerpo es entonces como un vehículo, una herramienta que usamos; un instrumento que nos permite realizar cosas y pasar del Punto A al Punto B. Puede usarse para el bien o para el mal, para un resultado positivo o negativo. Pero las herramientas, como cualquier otra cosa, pueden descuidarse o cuidarse. Pueden desgastarse por la distracción y la comodidad o fortalecerse con disciplina y guiarse hacia un propósito. La elección de cómo usamos este cuerpo es, en última instancia, nuestra. Pero debemos recordar siempre que somos espíritus eternos en un cuerpo humano, teniendo una experiencia temporal.

Este lugar no es, ni jamás fue, nuestro hogar. Debemos tratarlo como tierra extranjera, y solo estamos de visita por un tiempo corto. Para algunos, su tiempo aquí es más corto que para otros, pero no debemos acomodarnos demasiado. Porque ya sea que estemos aquí un año o 80, inevitablemente dejaremos este lugar. La pregunta entonces es: ¿a dónde iremos después?

1 Juan 2:15-17 dice: *"No améis al mundo, ni las cosas que están en el mundo. Si alguno ama al mundo, el amor del Padre no está en él. Porque todo lo que hay en el mundo: los deseos de la carne, los deseos de los ojos y la vanagloria de la vida, no proviene del Padre, sino del mundo."* En este versículo hay instrucciones específicas de aquello a lo que debemos morir cada día. Debemos crucificar la carne diariamente y no ceder a los deseos carnales. Debemos mantenernos a un

estándar más alto que el resto del mundo y rendirnos cuentas a nosotros mismos.

Debemos ser conscientes de en qué se enfocan nuestros ojos, porque a través de ellos llevamos esos deseos al corazón. Y debemos esforzarnos por crucificar nuestro orgullo, ya que esto fue lo que causó la rebelión en el Cielo entre Satanás y sus seguidores. Al ejercer dominio sobre estas cosas, practicamos el poner a muerte cada día nuestra naturaleza pecaminosa y, a su vez, comenzamos a caminar en victoria sobre la carne.

El ayuno es una de las formas directas en que podemos "crucificar la carne". Es negar intencionalmente los deseos del cuerpo para enfocarnos en el crecimiento espiritual. Se trata de tratar al cuerpo como un siervo, y aunque quiera algo, y ese deseo crezca y crezca, el cuerpo debe obedecer lo que nosotros, dentro de él, decidamos. El cuerpo está sujeto a lo que la mente decide, sin importar los sentimientos que surjan. Es fácil olvidarlo, y el ayuno —ya sea de comida, tecnología o cualquier cosa que deseemos carnalmente— es una forma de recordarnos quiénes y qué somos en realidad. En Gálatas 5:24, Pablo escribe: *"Pero los que son de Cristo han crucificado la carne con sus pasiones y deseos."* El ayuno es una forma de hacerlo. Al decir no a los antojos del cuerpo, fortalecemos nuestro espíritu y nos alineamos más estrechamente con la voluntad de Dios. Cuando privas al cuerpo, alimentas al espíritu. Jesús mismo ayunó cuarenta días en el desierto (Mateo 4:1-2), estableciendo un precedente para la preparación espiritual, la dependencia de Dios y la victoria sobre la tentación. Además, en Mateo 6:16-18, Jesús instruye a sus seguidores no "si" ayunan, sino "cuando" ayunan, implicando que el ayuno es algo esperado en la vida cristiana.

Lógicamente, el ayuno elimina distracciones, aumenta la sensibilidad espiritual y cultiva humildad, como declara el Salmo 35:13. Nos recuerda que *"no solo de pan vivirá el hombre"* (Deuteronomio 8:3), y al debilitar la carne, damos espacio para que el Espíritu obre más plenamente en nuestro corazón, llevándonos a una intimidad más profunda con Dios. En Marcos 9 se habla de un muchacho poseído, y los discípulos no pudieron expulsar al espíritu malo. Pero Jesús lo hizo fácilmente y les dijo que ese tipo de demonios solo puede salir con ayuno y oración. Para alcanzar ese nivel de dominio, el ayuno es necesario. Si los creyentes podemos elegir a Cristo sobre nuestras mayores pasiones, la luz que emanará de nosotros será tan brillante que podrá ayudar a muchos.

Se ha dicho que "lo que alimentes, florecerá". Si alimentas tu fe, acabarás por matar tu duda. Sin embargo, muchas veces alimentamos tanto nuestra fe como nuestras dudas. Declaramos que confiamos en Dios pero luego hablamos de escasez y limitación. Esa mentalidad de doble ánimo es lo que Satanás busca, porque nos mantiene en el terreno intermedio, donde no somos ni fríos ni calientes. Y ese es un lugar peligroso para un creyente, porque nos deja abiertos a mucha influencia demoníaca.

Dicen: "Defiende algo, porque si no, caerás por cualquier cosa." Debemos estar completamente comprometidos, sin retroceder. En Génesis 19, está la historia de la esposa de Lot. Cuando Dios destruyó las ciudades perversas de Sodoma y Gomorra con fuego y azufre, Lot, su esposa y sus hijas pudieron escapar. La única instrucción de los ángeles fue no mirar atrás. Sin embargo, mientras huían, la esposa de Lot desobedeció y miró atrás hacia la destrucción. Fue convertida instantáneamente en estatua de sal como consecuencia de su desobediencia y apego a la ciudad pecaminosa. Su decisión de mirar atrás le costó muy caro.

Dios creó todo, incluidos todos los ángeles. Y les dio libre albedrío, como se demuestra en su desobediencia y rebelión contra Él. Algunos eligieron deliberadamente oponerse y rebelarse. Así de grande es nuestro Dios: permite la elección, la libertad y la voluntad, para que pueda haber amor y relación genuina. El amor verdadero no puede ser forzado; debe elegirse libremente. Al dar a su creación la libertad de obedecer o desobedecer, Dios mostró que valora una relación auténtica por encima del control.

Incluso frente a la rebelión, Su deseo de conexión y redención permanece firme. Al final, la soberanía de Dios no se ve disminuida por nuestras elecciones; se revela a través de Su gracia, paciencia y amor inquebrantable hacia quienes vuelven a Él. Pero está en nosotros reconocer que la carne no es nuestra amiga. Quiere que vivamos al nivel de lo material, aunque sabemos que hay mucho más en juego. Lo que hagamos con lo que ahora sabemos es lo que realmente importa.

Recordemos siempre que, como cristianos, caminamos en la tensión entre la carne y el Espíritu. Aunque "andamos en la carne" y nuestros cuerpos aún están sujetos a debilidad terrenal, estamos llamados a usar armas espirituales que derriban fortalezas, no estrategias mundanas. Pertenecemos a Cristo, y *"los que son de Cristo han crucificado la carne con sus pasiones y deseos"* (Gálatas 5:24). Es una decisión diaria: revestirnos de Cristo, rendirnos al Espíritu Santo y permitir que Su fruto brote en nosotros —amor, gozo, paz, paciencia, benignidad, bondad, fe, mansedumbre y dominio propio— para que cada pensamiento, palabra y acción estén guiados por Cristo.

A medida que vivimos cada día, debemos recordar que estamos entrando en la vida que Cristo murió para darnos. Y no por esfuerzo carnal, sino por una rendición empoderada por el Espíritu. Que nuestro camino esté marcado no por los deseos pasajeros de la carne, sino por la vida eterna y el fruto del Espíritu.

Capítulo 10 – La Biblia

"Una Biblia que se está deshaciendo por el uso, generalmente pertenece a alguien que no lo está." – Charles Spurgeon

La Biblia es uno de los libros más influyentes en la historia humana. Nunca ha habido un descubrimiento arqueológico que contradiga la verdad expuesta en la Biblia. Y no hay verdad en la Biblia que, si se aplica a la vida, no la mejore de manera dramática. Es *"el relato más exacto, transparente e históricamente sólido que se puede tener de la figura más importante en la historia del mundo"*, Yeshua (Jesucristo).

La Biblia provee un fundamento profundo para la fe, ofreciendo guía sobre la moralidad, el propósito y la relación de la humanidad con Dios. También inspira esperanza y transformación a través de sus enseñanzas sobre gracia, perdón y amor.

Históricamente, la Biblia es un registro de civilizaciones antiguas, que narra eventos clave, prácticas culturales y el desarrollo del pensamiento religioso. Ha influido en el arte, la literatura, la política y los movimientos sociales a lo largo de los siglos. Proféticamente, contiene numerosas profecías cumplidas, lo que le da credibilidad a su inspiración divina y ofrece un marco para comprender el plan de Dios para el mundo. Su relevancia atemporal sigue inspirando a millones, trascendiendo generaciones como fuente de sabiduría y esperanza.

A pesar de lo que Satanás quiere que creas, la Biblia no es un libro lleno de cuentos y fábulas. Los demonios son muy reales y batallamos contra ellos todos los días. La idea es ponernos toda la armadura de Dios cada día y defendernos a nosotros mismos y a nuestra familia. La armadura de Dios, descrita en Efesios 6:10-18, es una manera poderosa de defendernos, protegernos y ponernos a la ofensiva, para mantenernos firmes contra Satanás, sus demonios y cualquier mal que inunde el ámbito espiritual. Como Satanás siempre está al acecho, buscando presas fáciles de devorar, armarnos con esta armadura es vital para superar las artimañas del diablo. Y la Biblia es la base de todo.

Esta armadura incluye el **Cinturón de la Verdad**, que nos ancla en la realidad de Dios. Representa la honestidad y la integridad, manteniendo todo unido como un cinturón sujeta la ropa. Se trata de vivir en alineación con la verdad, y la verdad es fundamental en todos los aspectos. Pero como Satanás siempre quiere invertir lo de Dios, intentará vender mentiras como verdad y verdad como mentiras. Por eso esta pieza es vital en el mundo actual.

También incluye la **Coraza de Justicia**, diseñada para proteger nuestro corazón a través de una vida alineada con la voluntad de Dios. Simboliza una vida de rectitud moral y fe, congruente con la enseñanza de Dios. La idea es proteger el corazón y los órganos vitales de la culpa y el pecado, así como una coraza protege a un soldado.

El **Calzado del Evangelio de la Paz** nos permite caminar con confianza en la fe. También se refiere a estar listos para compartir el mensaje de Jesús y el Evangelio, brindando estabilidad y movilidad para mantenernos firmes contra cualquier ataque.

El **Escudo de la Fe** nos ayuda a desviar ataques de duda, miedo y tentaciones, así como un escudo de soldado bloquea ataques del oponente.

El **Yelmo de la Salvación** protege nuestra mente con la seguridad de la redención. Está diseñado para proteger nuestros pensamientos, significando la certeza de la salvación y la esperanza que nos mantiene firmes en nuestra identidad como salvos.

La **Espada del Espíritu** es la Palabra de Dios, que en esencia es la Biblia, y actúa como un arma ofensiva para contrarrestar la mentira con la verdad y el mal con el bien. Es el único arma ofensiva de la armadura y representa la familiaridad con la Escritura. Por eso es vital leer y estudiar la Biblia diariamente.

Satanás y sus demonios también conocen la Biblia, pues estuvieron en el cielo en la presencia de Dios. Pero debido a su enemistad hacia Dios y Su pueblo, alteran la Escritura para que parezca verdadera, pero sea falsa, con el fin de alejar a la gente de Dios y herir al Padre. Alguien familiarizado con la Biblia puede detectar esas inconsistencias y ver las mentiras como lo que son. Incluso cuando Jesús ayunó 40 días y Satanás intentó tentarlo, el diablo usó la Escritura distorsionada para engañarlo. Pero como Jesús conocía la Biblia, no cayó en la trampa; en cambio, usó la Escritura correctamente para vencerlo. Cada artimaña de Satanás fue una inversión de la Escritura, y Jesús la reconoció y la respondió con la verdad exacta y alineada.

Por eso, para vencer a Satanás cada día —y él atacará diariamente— debemos ponernos esta armadura mediante oración, lectura bíblica y vida intencional. Nada debe hacerse por accidente o de manera descuidada. Lo hacemos con propósito, dependiendo de la fuerza de Dios y no de la nuestra. Al permanecer vigilantes y equipados, resistimos los ataques del enemigo, encontrando victoria en las batallas espirituales por medio de la fe y la obediencia. Pablo enfatiza que la oración es el medio para mantenernos conectados con Dios mientras "llevamos puesta" esta armadura y peleamos esta batalla.

Durante siglos, la Biblia estuvo accesible principalmente para quienes hablaban y entendían hebreo, arameo o latín, ya que estaba confinada a esos textos. Esto dejaba a la mayoría dependiendo de clérigos o eruditos para leer e interpretar sus enseñanzas. Este acceso limitado restringía el compromiso personal con su sabiduría e incluso la revelación del Espíritu Santo. Hoy, sin embargo, la Biblia es el libro más vendido de todos los tiempos y está traducida a miles de idiomas. Sus mensajes de fe, moralidad, profecía y guía están disponibles para todos. Pero es inútil si se deja sin leer en un estante o en una caja.

El poder de la Biblia como herramienta para el crecimiento personal y el aprendizaje está en sus lecciones atemporales, que han resistido la prueba del tiempo. Incluso ahora, descubrimientos arqueológicos modernos, como manuscritos antiguos y sitios que corroboran relatos bíblicos, siguen aportando evidencia que respalda su fiabilidad histórica, reforzando su verdad y relevancia.

Si mi padre terrenal escribiera un libro lleno de ideas, instrucciones para vivir bien y una visión del mundo que seguir, lo leería tan a menudo y con tanta intención como pudiera. Me ofrecería una ventana única a los valores, la sabiduría y las experiencias que podrían ayudarme a hacer esta vida más útil y gratificante. Eso es lo que es la Biblia: está inspirada por nuestro Padre celestial, Dios, y la información que contiene está diseñada para ayudarnos a vivir al nivel que Dios quiso para nosotros. Y la palabra B.I.B.L.E. podría fácilmente significar en inglés *"Basic Instructions Before Leaving Earth"* ("Instrucciones Básicas Antes de Salir de la Tierra"). Después de todo, eso es exactamente lo que hace. Solo tenemos que tomarnos el tiempo para leerla, estudiarla y, por supuesto, ponerla en práctica.

Parte II – El Lado Físico de Esta Batalla

Parte II – Introducción

Entonces, ya hemos visto cómo Satanás puede entrar en nuestras vidas por el lado espiritual y causar estragos entre muchos creyentes. Pero ahora veamos cómo es capaz de prepararnos para la derrota en esa batalla debilitando nuestra mente, deteriorando nuestro cuerpo y ablandando nuestra voluntad. Después de todo, si puede atacar nuestra mente, nuestro cuerpo y nuestra voluntad, podrá desplegar mejor su asalto contra nosotros, manteniéndonos atados a las cosas de este mundo y separados de Dios. Y debido a su odio y enemistad hacia Dios, llevará a cabo este ataque por cualquier medio y de cualquier forma posible. Para él, esto es algo muy personal. Y todo vale.

Debemos estar siempre dispuestos a considerar de verdad la evidencia que contradiga nuestras creencias y admitir la posibilidad de que podamos estar equivocados. La inteligencia no se trata tanto de saberlo todo, sino de tener la capacidad de cuestionar todo lo que sabemos. Esto empieza por reconocer que nuestro conocimiento y perspectivas suelen estar moldeados por experiencias personales que se han grabado en nosotros desde temprana edad.

Las influencias culturales también juegan un papel, ya que hay cosas que son demasiado tabú como para hablar de ellas, y mucho más para cuestionarlas. Y la información limitada y sesgada, diseñada para mantenernos sin poder pero con la apariencia de lo contrario, nos mantiene encerrados en la matriz. Cuando cuestionamos lo que consideramos verdadero, abrimos la puerta a nuevas perspectivas y a la posibilidad de descubrir capas ocultas de verdad. Esto nos anima a buscar diferentes puntos de vista y a investigar a fondo para poner a prueba la validez de nuestras ideas. Profundizar requiere una mente abierta y un discernimiento agudo. Algunas de las verdades expuestas en este libro pueden obligarte a reevaluar lo que ya crees que es cierto. Pero es importante reconocer que Satanás tiene sus manos en todos los aspectos de la vida humana en este lugar. Una vez que lo comprendes plenamente, empiezas a ver este plan deliberado y sistemático de degradación de nuestras mentes y cuerpos que ha estado ocurriendo desde hace ya bastante tiempo.

El enemigo sabe que para apartarnos del bien y mantenernos alejados de Dios, debe atacar el cuerpo, el cerebro y el espíritu. Lleva generaciones haciéndolo, usando el pretexto de algo noble para lograr ese objetivo. Este ataque sistemático se lleva a cabo a través de nuestra agua, nuestra comida, el aire, la medicina e incluso el sistema educativo. Si puede controlar lo que comemos, lo que bebemos, lo que respiramos y lo que aprendemos, puede moldear cada aspecto de nuestra vida física y mantenernos pensando que eso es todo lo que hay.

Capítulo 11 – Los Medios de Comunicación

"En un mundo donde la verdad se tuerce y las narrativas se compran, la mayor arma no es la mentira en sí, sino la disposición de las mentes a creerla." – Autor desconocido

Las herramientas más poderosas de la historia solían ser las armas y las bombas. Pero en esta nueva era, la información es el poder, y quienes controlan su flujo pueden manipular las mentes que la consumen. En 2013, el entonces presidente Obama ayudó a aprobar algo llamado *Smith-Mundt Modernization Act*, que derogó la *Smith-Mundt Act* de 1948. Esta ley de 1948 prohibía la difusión de propaganda dentro de EE. UU. al público. En otras palabras, era ilegal que los medios o cualquier compañía empujaran mentiras como verdad, sin importar si el fin "justificaba" los medios. Con la aprobación de esta "Ley de Modernización", la propaganda se volvió completamente legal, sin importar cuán escandalosa fuera.

Ahora, narrativas falsas guionadas y orquestadas podían presentarse al público como noticias reales por periodistas y presentadores de confianza. Todo mientras el público, sin darse cuenta, seguía creyendo cada palabra que se decía en televisión.

Al fin y al cabo, lo había dicho un canal de noticias reconocido y uno de sus "periodistas" favoritos. Mediante la selección de información, el uso de lenguaje cargado emocionalmente u omitiendo detalles clave, los medios moldeaban la percepción pública para alinearla con agendas específicas. Esto incluía amplificar historias que distraían de asuntos críticos, enmarcar eventos para desacreditar voces disidentes y priorizar contenido que reforzara la narrativa. Y como hay una agenda en juego, es importante que los creyentes piensen por sí mismos, investiguen con sentido crítico y usen discernimiento para separar la verdad de la mentira. Debemos entender que casi todo lo que vemos en TV o escuchamos en los medios es un espectáculo guionizado con el propósito de moldear nuestra visión del mundo para beneficio de los intereses poderosos que dirigen el programa.

Se ha dicho que es más fácil controlar a una población estresada y con miedo que a una que no lo está. Los medios, en colaboración con grandes grupos de interés, tienen un interés en mantener al público dividido, temeroso y ajeno a lo que realmente está ocurriendo en el mundo y en su propio vecindario. En la sociedad actual, la verdad se ha vuelto cada vez más subjetiva, moldeada por creencias personales, sesgos y las cámaras de eco de las redes sociales. Los hechos suelen quedar opacados por opiniones, y la gente es más propensa a aceptar narrativas que coinciden con su visión del mundo, independientemente de su validez. Esto ha difuminado la línea entre la realidad objetiva y la percepción individual, creando divisiones y dificultando un entendimiento común.

Las mentiras hoy se venden como verdad mediante la difusión deliberada de información falsa y desinformación. Esto se hace de forma continua manipulando narrativas y tergiversando verdades. Las falsedades pueden ganar credibilidad fácilmente y llegar a grandes audiencias gracias a la cobertura sesgada de los principales medios de comunicación. Cuando se repiten lo suficiente, estas mentiras pueden parecer verdades, influyendo en opiniones y decisiones mientras erosionan la confianza en fuentes fiables. Pero como dijo Booker T. Washington: *"Una mentira no se convierte en verdad, lo incorrecto no se convierte en correcto y lo malo no se convierte en bueno solo porque lo acepte la mayoría."*

Las mentiras temen a la verdad. Por eso intentan silenciarla, distraer de ella o difamarla. Porque las mentiras reconocen que si la verdad se hiciera evidente para las masas, se produciría un efecto dominó y todas las mentiras que se sostienen unas a otras se derrumbarían. Toda la estructura caería y ocurriría un despertar masivo. Así que Satanás, el padre de la mentira, hace de su misión mantener esas mentiras vivas.

¿Qué significa cuando algo dicho ha sido eliminado de internet? No hay diferencia entre quemar un libro y eliminar algo de internet. Horas y horas de contenido en YouTube han sido prohibidas o borradas. Cientos, si no miles, de artículos han sido eliminados o movidos a lugares donde no se pueden encontrar. La censura de información sobre temas fundamentales para entender otros temas más amplios ha sido enorme. El efecto dominó que ocurriría si se revelara todo derribaría muchas otras "verdades" fundamentales. Por eso eliminan, borran, esconden y manipulan resultados, además de usar términos como armas para desanimar a la gente en su búsqueda de la verdad. Así es como la quema de libros se ha transformado en la era moderna.

Todo esto es un intento de borrar la historia, silenciar la disidencia o eliminar conocimiento percibido como una amenaza. El equivalente ocurre hoy en tiempo real, en todo internet. La información que no encaja con la narrativa se elimina o se relega al final de los resultados de búsqueda, haciéndola casi imposible de encontrar. Todo lo etiquetado como "teoría de conspiración" o marcado por supuestos "verificadores de hechos" desaparece misteriosamente. Y así está diseñado.

La quema de libros ha sido históricamente un símbolo recurrente de censura y supresión, usado por quienes están en el poder para controlar ideas e imponer conformidad ideológica.

El *Efecto Mandela* se usa como una operación psicológica para hacer que la gente parezca loca por creer algo que sabe que es cierto, pero de lo que toda evidencia ha sido borrada. Es un fenómeno donde un gran grupo de personas recuerda un evento o detalle de manera diferente a como supuestamente ocurrió o se registró. Lo usan como un medio para borrar evidencia e introducir explicaciones alternativas de por qué las memorias pueden estar distorsionadas. Culpan a todo, desde universos paralelos hasta realidades alternas o fallos psicológicos. Y la gente se engancha con fascinación y esperanza de que sea verdad. Pero si rascáramos un poco la superficie, veríamos que todo está diseñado para eliminar a Dios de la ecuación y borrar información de nuestra línea de tiempo.

Vivimos en un tiempo donde la capacidad de investigar cualquier cosa está al alcance de nuestras manos, aunque cierta información pueda ser más difícil de encontrar con los motores de búsqueda tradicionales. Por eso, adaptarse y usar otros tipos de herramientas puede ser necesario. Cuestionar todo lo que sea "mainstream" debe ser algo no negociable para todo cristiano. Especialmente sabiendo que Satanás tiene su mano en casi todo, porque es el dios de este mundo. El objetivo es entender qué está realmente en juego y cómo actuar para tomar decisiones acertadas. Oseas 4:6 dice: *"Mi pueblo perece por falta de conocimiento; por cuanto tú desechaste el conocimiento, yo te echaré del sacerdocio..."* Perecemos por falta de conocimiento, y no podemos ignorar que está en nosotros investigar.

Proverbios 4:7 dice: *"Sabiduría ante todo; adquiere sabiduría; y sobre todas tus posesiones adquiere inteligencia."* Debemos investigar, examinar, indagar y profundizar en lo que nos dicen los medios, las autoridades con agenda y los supuestos "expertos". No debemos confiar, como dice el Salmo 118:9: *"Mejor es confiar en Jehová que confiar en príncipes"*, ni en "hombres mortales que no pueden salvar". Más bien, como dice Proverbios 3:5-6: *"Confía en Jehová con todo tu corazón, y no te apoyes en tu propia prudencia. Reconócelo en todos tus caminos, y él enderezará tus veredas."*

Santiago 1:5 nos dice: *"Y si alguno de vosotros tiene falta de sabiduría, pídala a Dios, el cual da a todos abundantemente y sin reproche, y le será dada."* Debemos colocarnos deliberadamente de nuevo al volante, porque no podemos ser pasajeros pasivos llevados a donde sea que vaya el vehículo. Está en nosotros.

Muchos describen a nuestra prensa como "libre y abierta" porque no es propiedad del Estado. Pero ignoran que está en manos de seis conglomerados multinacionales cuyos accionistas comparten los mismos intereses de clase que se reflejan en casi toda la cobertura mediática. Debemos volver a lo que la verdad representa y significa para nosotros como sociedad y a nivel personal. Podemos lograrlo volviendo a lo que nuestros abuelos y bisabuelos hacían a diario: leer la Biblia. Y no solo leerla, sino estudiarla. No la veas como un objetivo para terminarla rápido, sino como una forma de desentrañar todo el conocimiento, principios y verdades que ofrece. Cuanto más tiempo pases en ella y en oración, más se desarrollará tu discernimiento. El discernimiento es la capacidad de distinguir entre lo correcto y lo incorrecto, la verdad y el engaño, guiado por la sabiduría y el Espíritu Santo. Proverbios 3:21 anima a mantener la sabiduría y la discreción, mientras Hebreos 5:14 habla de los creyentes maduros que, por la práctica, han entrenado sus sentidos para discernir entre el bien y el mal.

El discernimiento es esencial para vivir una vida justa y alinear nuestras acciones con la voluntad de Dios. Mejorarlo implica cultivar sabiduría, pensamiento crítico y conciencia espiritual.

Lo hacemos buscando la guía de Dios y orando por sabiduría y claridad, como dice Santiago 1:5. También estudiamos las Escrituras, ya que leer y meditar regularmente en la Biblia nos ayuda a alinear nuestros pensamientos y decisiones con la verdad de Dios. En esto, comenzamos a practicar la reflexión, evaluando cuidadosamente situaciones y decisiones, algo vital para nuestro crecimiento como creyentes.

Siempre debemos considerar cómo nuestros pensamientos y decisiones se alinean con principios morales y espirituales, sabiendo que hemos de ser guiados por una mente sobria y no por emociones. Aprendemos a responder en lugar de reaccionar. Y comenzamos a acumular conocimiento manteniéndonos informados, pero conscientes de dónde obtenemos la información. Si buscamos constantemente entender, estaremos mejor equipados para reconocer la verdad y el engaño. También nos esforzamos por aprender de la experiencia, analizando y reflexionando sobre decisiones pasadas para discernir patrones y resultados.

Por último, la Biblia nos dice que debemos rodearnos de consejo sabio. Proverbios 1:5 dice: *"Oirá el sabio, y aumentará el saber, y el entendido adquirirá consejo."* Proverbios 12:15 dice: *"El camino del necio es derecho en su opinión; mas el que obedece al consejo es sabio."* Y Proverbios 15:22 afirma: *"Los pensamientos son frustrados donde no hay consejo; mas en la multitud de consejeros se afirman."*

Cuando nos relacionamos con personas espiritualmente maduras que pueden ofrecernos perspectiva y responsabilidad, obtenemos una visión distinta y más clara de las cosas. Al integrar estas prácticas, desarrollamos un discernimiento más agudo para navegar la vida y evitar trampas creadas a partir de mentiras y desinformación, trampas diseñadas para mantenernos a merced del engaño y víctimas de los males sociales.

En un mundo saturado de información —y de desinformación— es más importante que nunca que los creyentes caminen en discernimiento. Porque no todo lo que se etiqueta como "verdad" está fundamentado en la verdad de Dios. Por eso debemos acudir a la Biblia como nuestro estándar supremo, buscar consejo sabio y piadoso, y filtrar todo a través de la oración y la guía del Espíritu Santo. Dios nos llama a estar vigilantes, probando todo y reteniendo lo bueno, como dice 1 Tesalonicenses 5:21. Al permanecer arraigados en Su Palabra y rodeados de creyentes fieles, podemos evitar la confusión del engaño y mantenernos firmes en la verdad que nos hace libres.

Capítulo 12 – El Internet de las Cosas

"El Internet de las Cosas no se trata solo de conectar dispositivos, sino de despertar inteligencia en lo cotidiano, convirtiendo datos en decisiones y objetos en aliados." – ChatGPT

El Internet de las Cosas (IoT, por sus siglas en inglés) se refiere a una vasta y creciente red de dispositivos físicos —electrodomésticos, vehículos, sensores y máquinas— todos conectados a internet. Al estar conectados, son capaces de recopilar e intercambiar datos. Pero ¿con qué fin? También llamado Internet de las Nano-Cosas, esta tecnología tiene el potencial de transformar la manera en que vivimos y trabajamos.

En apariencia, esto puede parecer algo positivo, ya que en teoría permitiría hogares más inteligentes, industrias más eficientes y conocimientos en tiempo real para tomar mejores decisiones. Desde monitores de salud portátiles hasta granjas automatizadas, el IoT podría mejorar enormemente la comodidad, la seguridad y la productividad.

Pero la verdad es que todo se trata de control. Privacidad, seguridad y datos pueden volverse en nuestra contra en cualquier momento. Con la inteligencia artificial ya capaz de manipular fotos y videos, la preocupación sobre qué es real y qué no, solo seguirá aumentando. En la opinión pública, imágenes manipuladas podrían fácilmente hacer que alguien parezca culpable cuando no lo es, o inocente cuando en realidad es culpable. Y eso es apenas el inicio.

Muchos llaman al Internet de las Cosas la Cuarta Revolución Industrial. Este auge de tecnologías inteligentes no trata únicamente de innovación y comodidad, sino de establecer la base de una vasta red global de vigilancia y control. Cada dispositivo conectado —desde un refrigerador "inteligente" hasta un dispositivo biométrico portátil, o incluso un vehículo— se convierte en un nodo de una red diseñada no solo para recopilar datos, sino para monitorear e influir en el comportamiento humano en tiempo real. Lo que parece ser eficiencia y progreso es en realidad un sistema cuidadosamente construido para rastrear cada movimiento, decisión e incluso pensamiento.

Esto podría conducir fácilmente a la infraestructura de control digital sobre la humanidad. En otras palabras, sentar las bases del marco que eventualmente gobernará y dominará a todos.

Todo se integrará en un ecosistema impulsado por macrodatos que recopilan, supervisan y regulan. Muchos de estos sistemas ya están en funcionamiento. Los teléfonos inteligentes y la tecnología vestible, como relojes y pulseras de actividad, ya recopilan datos y los usan para publicidad y servicios. Además, emiten radiación constante que nos afecta a nivel celular de forma que no siempre es evidente de inmediato, pero cuya acumulación puede tener efectos devastadores a largo plazo.

Nuevas investigaciones muestran que, cuando usamos estas tecnologías y nuestro cuerpo se humedece —por sudor, natación o clima—, nos convertimos en mejores conductores de EMF (campos electromagnéticos), que son ondas de radiación emitidas por una fuente.

Los semáforos inteligentes son un ejemplo del IoT en acción. En teoría, podrían adaptar y modificar su funcionamiento según el flujo de tráfico. Pero las cámaras en las intersecciones también están recolectando datos sobre vehículos, tráfico y la información de los propietarios.

La "medicina inteligente" aún está en sus primeras etapas. La vacuna contra el COVID basada en ARNm fue una prueba, pero el objetivo final es fusionar a los humanos con la tecnología, borrando la línea entre lo físico, lo digital y lo biológico. El fin: crear un tipo de medicina que forme parte de nuestro genoma y, por tanto, de nosotros, siempre conectada a internet. Con eso, podrían monitorearnos más de cerca, estudiarnos e incluso, potencialmente, "apagar" nuestro organismo si así lo quisieran. Parece extremo, hasta que recordamos quién es realmente el "dios de este mundo" y cómo sigue impulsando su agenda para dañar a Dios y a Su pueblo.

Las bombillas y electrodomésticos inteligentes también entran en esta categoría, pues están constantemente escuchando, registrando y monitoreando lo que sucede a su alrededor. Además de la violación de la privacidad, surge la pregunta: ¿quién recibe esta información, con qué propósito y por qué estos objetos necesitan tal capacidad?

Por otro lado, las bombillas LED afectan nuestra salud debido a los micro-parpadeos, aunque no los percibamos conscientemente. Estas fluctuaciones rápidas en la intensidad de la luz, invisibles al ojo humano, pueden afectar nuestro bienestar: cansancio visual, problemas de sueño, alteraciones de la salud mental y desorientación. Como los medios no lo informan, asumimos que el malestar se debe al trabajo, a la edad o a la genética.

Los vehículos nuevos incorporan tecnologías inteligentes, lo que les permite ser monitoreados y controlados de forma remota. Esto abre la posibilidad a accidentes "no tan accidentales" o restricciones de movilidad bajo pretextos como el cambio climático.

Las redes sociales y modelos de IA como ChatGPT o Grok también recopilan datos de sus usuarios. Observar y registrar psicología y comportamientos revela patrones y abre la puerta a la manipulación masiva. Gran parte de la información que se ofrece en estas plataformas está altamente filtrada para ajustarse a la narrativa oficial.

Un artículo reciente afirmaba que, con el auge de la IA, los currículums y artículos de investigación son cosa del pasado. Crear algo con estas herramientas es tan sencillo que la gente deja de ejercitar sus capacidades de pensamiento y escritura. Y como todo músculo o habilidad que no se usa, se atrofia. Estudios del MIT muestran que, tras cuatro meses de uso, los usuarios de ChatGPT presentan una caída del 47% en la actividad cerebral, casi nula retención de memoria y un nivel cognitivo bajo incluso después de dejar de usarlo.

La IA está aquí para quedarse, pero debemos usarla estratégicamente. No puede reemplazar nuestro pensamiento crítico, resolución de problemas y análisis. Dios nos diseñó para fortalecernos a través de los desafíos, no para ceder nuestras capacidades a una máquina.

Videos e imágenes falsos generados por IA ya circulan, dificultando distinguir lo real de lo ficticio. Aunque hoy existen señales para detectarlos — fallos en el encuadre, deformaciones, errores anatómicos—, la tecnología avanza hacia un realismo total. Plataformas como TikTok y Meta ya están saturadas de estos contenidos falsos para sembrar división y desinformación.

Finalmente, están las "ciudades inteligentes" o "ciudades de 15 minutos", donde todo lo necesario estaría a menos de 15 minutos a pie o en bicicleta. Aunque en papel suena a sostenibilidad y comunidad, la combinación de vigilancia masiva, puntos de control digitales y monitoreo constante puede convertir la conveniencia en confinamiento forzado.

La iniciativa *Gran Reinicio* del Foro Económico Mundial busca digitalizar todo. Según ellos: "Todo lo que pueda ser digitalizado será digitalizado." Esto incluye la convergencia de lo digital, lo físico y lo biológico, junto con identificaciones digitales, interfaces cerebro-computadora y control centralizado de monedas digitales. Tal dependencia tecnológica podría allanar el camino hacia el Gobierno Mundial Único que advierte la Biblia, donde la disidencia es silenciada y la libertad redefinida como obediencia.

Desde una perspectiva profética, esto se asemeja al avance hacia la "Marca de la Bestia" descrita en Apocalipsis 13, donde para "comprar o vender" se requerirá lealtad a una autoridad global, quizá mediante una identificación biométrica, un chip implantable o un código digital. Quienes se nieguen podrían quedar fuera del sistema, perseguidos o peor.

Para muchos que observan estas tendencias, la convergencia del IoT, las tecnologías inteligentes y el gobierno digital centralizado no es coincidencia, sino el cumplimiento de antiguas advertencias. Y sin embargo, avanzamos sin comprender del todo las implicaciones de lo que viene.

Capítulo 13 – El Agua

"El agua es la fuerza motriz de toda la naturaleza. No solo es esencial para la vida, sino también una guardiana silenciosa de la supervivencia, que nutre a todo ser vivo y sostiene el equilibrio de nuestro mundo."
— Adaptado de Leonardo da Vinci

El agua es otro frente en el que estamos siendo atacados constantemente. Satanás, con su enemistad hacia Dios y su pueblo, busca quitarles su salud, sus atributos de pensamiento elevado y todo lo que los mantiene conscientes de la verdad. Nuestra capacidad de pensar críticamente y de conectarnos con Dios espiritualmente son los principales objetivos de este asalto.

¿Y cómo lo hace? Como el agua es esencial para la supervivencia de nuestro cuerpo y compone gran parte de él, tiene sentido que Satanás use esta necesidad para introducir elementos que rompan el equilibrio natural que necesitamos. El planteamiento es simple: si el agua que ingerimos es mala, el efecto acumulativo en el cuerpo será malo. El resultado será fragilidad, debilidad y docilidad.

Muchos asumimos que "el agua es agua" y que simplemente debemos beber más. Pero de dónde proviene el agua que bebemos importa más que la cantidad que tomamos. La mayoría no considera el origen del agua que llega a nuestros hogares. Nos basta con que salga al abrir el grifo o que haya al tirar de la cadena. Pero si investigáramos cómo llega hasta ahí, cómo se procesa y cómo se recicla, tendríamos una mejor perspectiva de lo que realmente contiene y de cómo impacta nuestro organismo.

Las plantas de tratamiento de agua de cada ciudad tienen métodos básicos para filtrar contaminantes mayores, pero no son ni eficientes ni totalmente eficaces. Lo que no logran filtrar, lo desinfectan con químicos como cloro, cloraminas y trihalometanos. Estos pueden reaccionar con materia orgánica y acumularse en el cuerpo, sobrecargando órganos de desintoxicación, tejidos y el sistema nervioso. Y como se absorben no solo por beber o comer, sino también por la piel, esta exposición constante produce acumulación que puede manifestarse como distintas dolencias a lo largo de los años.

Otro elemento añadido con frecuencia es el flúor, bajo el argumento de que previene la caries dental. Aunque avalada por organizaciones sanitarias, esta práctica está en debate. Recientemente, el flúor fue clasificado como neurotoxina. Estudios demuestran que reduce el coeficiente intelectual, retrasa el desarrollo cerebral y afecta la capacidad cognitiva. Además, calcifica la glándula pineal, esencial para procesos como la producción de melatonina, la regulación del sueño, los ritmos biológicos, la intuición y, según muchos, la conexión cuerpo-espíritu.

Otros compuestos encontrados en el agua incluyen arsénico, cromo, plomo, aluminio, hormonas, nitratos, pesticidas e incluso medicamentos. Estos son persistentes y difíciles de eliminar con los métodos convencionales, por lo que permanecen en el sistema. Y como gran parte del agua se recicla y reutiliza, estos compuestos se concentran cada vez más. El agua que usamos para lavar, bañarnos o tirar de la cadena regresa a la planta de tratamiento y vuelve a circular, junto con restos de medicamentos, quimioterapias, inmunoterapias u hormonas que las personas han expulsado.

Así, sin saberlo, ingerimos continuamente microdosis de fármacos y químicos, cuyos efectos a largo plazo —especialmente en bebés, niños, adolescentes y ancianos— se desconocen. Lo que sí se sabe es que intervienen en la disrupción hormonal, la reducción de la fertilidad, la modificación del ADN, el deterioro neurológico y la destrucción de la microbiota intestinal.

La buena noticia es que nuestros cuerpos están maravillosamente diseñados por Dios para metabolizar y eliminar muchas cosas dañinas. En Génesis 1:26 Dios dijo: *"Hagamos al hombre a nuestra imagen."* Esto implica que fuimos creados con cualidades que reflejan Su naturaleza y gloria.

Dotó al cuerpo de sistemas basados en bucles de retroalimentación: la piel produce vitamina D con el sol, el páncreas libera insulina para distribuir nutrientes, el hígado desintoxica y produce colesterol, las heridas sanan por sí solas, la fiebre combate infecciones, el sudor enfría y el temblor calienta.

El problema surge cuando introducimos en el cuerpo sustancias no naturales, sintéticas o químicas. El organismo no las reconoce, no las degrada fácilmente y las acumula en órganos y tejidos, sobrecargando los sistemas hasta provocar enfermedad. Muchas veces, esa enfermedad recibe otro nombre y se atribuye a otra causa, sin investigarse la conexión con químicos presentes en el agua y los alimentos.

Satanás ataca el cuerpo de múltiples formas, pero siempre con la misma intención: destruir mente y cuerpo antes de que podamos cumplir el llamado de Dios. Un llamado que incluye adoración, obediencia, testimonio, servicio y discipulado. Para cumplirlo, necesitamos un cuerpo y una mente dispuestos y capaces. Dios no nos diseñó para vivir enfermos, sino para mantenernos saludables y adaptarnos a los retos. Sin embargo, su infiltración en tantos aspectos de la vida nos ha condicionado a ver muchas enfermedades como "naturales" y propias del envejecimiento.

Pero, ¿y si parte de la causa fuera lo que introducimos en nuestro organismo? Si el agua es vital para que el cuerpo funcione correctamente, debemos beberla, sí... pero también asegurarnos de que provenga de una fuente confiable. Porque lo que contiene el agua que bebemos importa más que la cantidad que tomemos.

Capítulo 14 – Pesticidas

"Vivimos en un mundo donde el ambiente químico está siendo modificado por el hombre sin pleno conocimiento de las consecuencias, y el problema de los pesticidas es solo una faceta de un problema mucho mayor." —
Rachel Carson

Los pesticidas son sustancias diseñadas para controlar, repeler o eliminar plagas que amenazan los cultivos, el ganado y la salud humana. En teoría, cumplen un papel crítico en la agricultura moderna. Se utilizan para asegurar un suministro estable de alimentos, aumentar la eficiencia agrícola y minimizar las pérdidas económicas para los agricultores. Más allá de la agricultura, también ayudan a controlar plagas portadoras de enfermedades, como los mosquitos cuando las ciudades realizan campañas de fumigación. Aunque el uso de pesticidas parece tener beneficios claros, sus efectos consecuentes se están volviendo abrumadoramente evidentes.

Las compañías que los producen tienen alternativas más seguras y sostenibles, pero hay mucho más beneficio económico en mantener el statu quo. Por eso siguen utilizando materiales que nos afectan a nosotros y a nuestros hijos más de lo que creemos.

La atrazina es el segundo herbicida más usado después del glifosato, y ambos se encuentran en nuestros suministros de agua en cantidades que superan ampliamente los niveles de seguridad recomendados. En un laboratorio, si se añade atrazina a un tanque con ranas, todas se feminizarán, y al menos el 10% de las ranas macho se convertirán en hembras viables, capaces de producir huevos fértiles. Si eso le hace a las ranas, hay mucha evidencia que sugiere que puede estar provocando efectos similares en los humanos. No es de extrañar que en nuestra sociedad la disforia de género esté en aumento y que la cantidad de adolescentes y adultos que buscan hacer una transición esté alcanzando niveles nunca antes vistos.

Satanás se gloría en fomentar esta "desconexión" porque es una gran afrenta a Dios. Génesis 1:27 dice: *"Creó, pues, Dios al hombre a imagen suya, a imagen de Dios lo creó; varón y hembra los creó."* Dios nos llama varón y hembra, lo que significa que somos criaturas encarnadas. Esto implica que Dios sabía exactamente lo que hacía cuando te creó y te conocía antes de que fueras formado.

Satanás es quien trajo la confusión y la corrupción. Lo hizo mediante estos químicos y luego mediante el condicionamiento social. La idea es racionalizar falsedades e invertir la verdad para que lo malo parezca bueno y lo incorrecto parezca normal. Vivimos en un mundo tipo Génesis 3, y como dice Proverbios 14:12: *"Hay camino que al hombre le parece derecho; pero su fin es camino de muerte."* Nuestros cuerpos importan eternamente para Dios, y por eso importa lo que hacemos con ellos ahora.

El glifosato es el otro herbicida y el ingrediente principal de Roundup, un popular herbicida. Se rocía por todas partes para impedir que las malezas invasoras dificulten la producción de cultivos, y se aplica extensamente a cultivos genéticamente modificados para resistir sus efectos. El problema es que no se biodegrada como otras sustancias. Los residuos de glifosato permanecen en las cosechas mucho después de ser recolectadas y vendidas, contaminando el suministro de alimentos. Lavarlos no es tarea sencilla, pero es esencial. La escorrentía de los campos tratados introduce esta toxina en las fuentes de agua potable y en otros cultivos que se riegan con esa agua. Estudios han vinculado la exposición al glifosato con cáncer, problemas en el desarrollo, efectos gastrointestinales y afecciones cutáneas. Su impacto en la salud del suelo y en la biodiversidad agrava aún más los desequilibrios ecológicos, y aun así, variantes de este químico siguen utilizándose hoy en día.

En general, los pesticidas representan riesgos significativos para la salud humana. Se han vinculado con todo tipo de afecciones, desde cáncer hasta trastornos neurológicos y alteraciones hormonales. Nuestros cuerpos están siendo atacados, y muchos de nosotros permanecemos pasivos como si no ocurriera nada. Tenemos que verlo por lo que es y empezar a actuar con una visión generacional, porque esto nos está afectando a nosotros, a nuestros hijos y eventualmente a los hijos de nuestros hijos. Es nuestra responsabilidad asegurar un futuro más seguro para las generaciones venideras.

Capítulo 15 – La Comida

"Que el alimento sea tu medicina y la medicina tu alimento." — Hipócrates

Los OGM's, Organismos Genéticamente Modificados, son cada vez más comunes en el mundo actual. La definición exacta de un organismo modificado genéticamente y lo que constituye ingeniería genética varía, pero en esencia significa que el genoma de un alimento ha sido alterado para producir un mayor rendimiento con menos esfuerzo y recursos. A menudo se modifica para resistir plagas, sequías u otros factores que podrían afectar su viabilidad. En ocasiones, se cambia el genoma para hacerlo más atractivo a la vista o al paladar. Sin embargo, cuando un alimento se modifica de esta forma, el cuerpo lo procesa y metaboliza con mayor dificultad. Esto suele traducirse con el tiempo en deficiencias, trastornos, enfermedades e incluso cáncer.

Obviamente, esto no ocurre de la noche a la mañana. El cuerpo humano, diseñado de manera extraordinaria por Dios, tiene sistemas para adaptarse y responder a casi cualquier situación.

Sin embargo, con el tiempo, la acumulación de toxinas, alimentos modificados y químicos puede manifestarse como alguna forma de enfermedad.

Apeel es una empresa que crea recubrimientos "de origen vegetal" para prolongar la vida útil de frutas y verduras frescas. Supuestamente añade una capa protectora que reduce el desperdicio y mantiene la frescura. Aunque tiene aprobación de la FDA, hay inquietudes, pues no se han revelado todos los ingredientes. El recubrimiento es resistente al agua, lo que dificulta retirarlo, reduciendo así nuestro control sobre lo que ingerimos. Al final, este es un recubrimiento modificado sobre un alimento natural, lo que deja de hacerlo verdaderamente natural u orgánico. No existen estudios a largo plazo que garanticen su seguridad, y cuando el cuerpo se expone a elementos ajenos a la naturaleza, tiene dificultades para metabolizarlos, lo que con el tiempo puede derivar en enfermedad.

Senomyx, fundada en 1999 por el bioquímico Lubert Stryer, desarrolla potenciadores de sabor usando sistemas de prueba basados en receptores de gusto expresados en células HEK293 —células de riñón humano embrionario provenientes de un feto sano abortado electivamente en los años 70—. La línea celular se replica en laboratorio y se utiliza para identificar y patentar cientos de receptores de sabor. Esta tecnología, utilizada en colaboración con grandes empresas alimentarias, está presente en refrescos, cafés, cremas, bebidas hidratantes, chips, cereales y sopas.

Los colorantes artificiales como Rojo 40, Azul 1, Amarillo #5 y Amarillo #6 se añaden para mejorar la apariencia de alimentos y caramelos. El Amarillo #5 proviene originalmente de la tartrazina, derivada del alquitrán de hulla, un subproducto industrial tóxico. Al principio se usó en pavimentos y tintes textiles, y más tarde para colorear alimentos de baja calidad. Hoy, aunque se produce a partir de petróleo, los riesgos para la salud permanecen: asma, tumores, retrasos en el desarrollo, daño neurológico, TDAH, alteraciones hormonales, ansiedad, depresión y lesiones intestinales. Algunos países los han prohibido, lo que demuestra que no son indispensables. Estos aditivos no cambian el sabor, solo el color, y estudios los vinculan con hiperactividad infantil, reacciones alérgicas, cáncer y disrupciones hormonales.

Las deficiencias nutricionales están en niveles históricos. No se solucionan con medicamentos; estos solo alivian los síntomas sin abordar la causa: alimentos pobres en minerales por suelos agotados y una menor capacidad de absorción de nutrientes. La industria alimentaria y farmacéutica, que a menudo se solapan, recomiendan dietas que perpetúan esta situación, contribuyendo al aumento de enfermedades crónicas y a la abundancia de tratamientos que controlan, pero no curan.

Los alimentos ultraprocesados, llenos de químicos, aditivos e ingredientes sintéticos, se venden como comida real. Ingredientes como aspartame, BHA, BHT, jarabe de maíz alto en fructosa, glutamato monosódico (MSG), propilparabeno, nitrito de sodio, TBHQ y dióxido de titanio están aprobados por la FDA y considerados "seguros". Sin embargo, la seguridad de muchos de ellos es cuestionable. La comida es información que regula la expresión genética, las hormonas y el metabolismo. Al elegir alimentos adecuados, se equilibra el azúcar en sangre, se restauran las hormonas y se reduce el impacto del estrés.

Contrario a la creencia popular, las agencias regulatorias no siempre priorizan la salud pública. La influencia de la industria y el lobby empresarial revelan un patrón preocupante. La laguna GRAS (*Generally Regarded As Safe*) permite a las empresas auto-certificar sustancias como seguras sin pruebas independientes, introduciendo miles de compuestos sintéticos en nuestros alimentos, aire, agua y productos domésticos con mínima investigación de seguridad a largo plazo. Todo en nombre de la eficiencia, la estética y la durabilidad de los alimentos, pero a un costo que se está volviendo insostenible.

La comida tiene el poder de transformar cada célula del cuerpo para bien o para mal. Lo que debería nutrirnos y sostenernos se ha convertido en una fuente oculta de daño debido al uso extendido de químicos, aditivos y métodos de procesamiento. Desde pesticidas y colorantes artificiales hasta conservantes y disruptores endocrinos, hay innumerables sustancias nocivas entrando en nuestra dieta sin que lo sepamos.

Es momento de ser más conscientes y protectores. Los ataques provienen de todos los frentes, pero podemos reducir nuestra exposición, empezando por ser cuidadosos con lo que comemos. Así es como comenzamos a ganar terreno en esta batalla física que todos enfrentamos.

Capítulo 16 – Disruptores Endocrinos

"La dosis no siempre hace el veneno cuando se trata de disruptores endocrinos: las dosis bajas a veces pueden ser más dañinas que las altas." — Dr. Frederick vom Saal

El sistema endocrino es el que modula y regula las hormonas responsables del crecimiento, el metabolismo, la reproducción y otras funciones vitales. Dado que las hormonas afectan tantas funciones del cuerpo, cualquier alteración en ellas puede tener efectos dramáticos y duraderos. Por lo tanto, como puedes imaginar, el sistema endocrino es esencial para el correcto funcionamiento del cuerpo humano. Cualquier cosa que lo perturbe puede provocar una cascada de problemas que, a primera vista, ni siquiera parecerían estar relacionados con él.

Los disruptores endocrinos son químicos sintéticos o naturales que interfieren con el sistema endocrino. Se encuentran comúnmente en objetos cotidianos como envases de plástico, empaques de alimentos, productos de cuidado personal, limpiadores domésticos, pesticidas e incluso en el suministro de agua. Ejemplos de estos incluyen el bisfenol A (BPA), los ftalatos, las dioxinas y los microplásticos.

Los principales culpables entran en contacto con nosotros a través de la piel, como los desodorantes y las colonias o perfumes. Después de eso, lo que ingerimos es otra vía importante de exposición. El problema es que estos compuestos son persistentes y ubicuos. Se acumulan en el ambiente y en los tejidos humanos, generando riesgos crónicos que no se biodegradan ni se eliminan fácilmente.

Cuando entran en el cuerpo, tienden a imitar o alterar hormonas naturales como el estrógeno (hormona femenina) o la testosterona (hormona masculina). En esencia, pueden hacer que las mujeres desarrollen características masculinas y que los hombres desarrollen características femeninas. El aumento de mujeres masculinizadas y hombres feminizados es más evidente en los jóvenes que en cualquier otro grupo de la historia, y muchos creen que no es por accidente. Esta alteración hormonal está causando una ola masiva de trastornos de la pubertad, problemas de fertilidad, homosexualidad y trastornos psicológicos.

Nunca antes tantas personas habían sentido que nacieron en el cuerpo equivocado y que necesitaban una cirugía de reasignación de sexo para "arreglarlo", como si Dios hubiera cometido un error al crearlas, aun cuando Jeremías 1:5 dice: *"Antes de formarte en el vientre te conocí, antes de que nacieras te aparté."*

En cierto momento, incluso se llegó a considerar "discurso de odio" no dirigirse a alguien con sus pronombres preferidos. Esta pseudo-ciencia de género se propagó como un virus mental, diseñada para ahogar la cordura y la lógica. La idea del "orgullo" promovida por activistas LGBTQ fue celebrada por los medios y ciertos sectores políticos. Irónicamente, la Biblia presenta el orgullo como la razón por la cual Satanás y un tercio de los ángeles fueron expulsados del cielo.

El arcoíris, símbolo de las marchas y festivales del orgullo LGBTQ, es precisamente el símbolo que Dios usó para sellar Su pacto con la humanidad: un recordatorio de Su misericordia, Su promesa de preservar la vida y Su fidelidad a Su palabra. Representa el fin del diluvio y la garantía de que ese juicio no se repetirá en esa forma. Satanás, como siempre, invierte lo que Dios creó para bien, utilizando a personas que sin saberlo trabajan en lo físico para cumplir sus fines.

Volviendo al tema central: la exposición a estos disruptores endocrinos está vinculada a cánceres hormonodependientes como el de mama, ovario y próstata; problemas reproductivos como infertilidad y baja calidad del esperma; y, en los niños, a retrasos en el desarrollo, disfunciones inmunes y problemas cognitivos permanentes.

Los efectos a largo plazo, a cualquier edad, incluyen mayor riesgo de trastornos metabólicos como obesidad, diabetes, disfunciones tiroideas y enfermedades cardiovasculares. En personas mayores, cuya regulación hormonal ya es más frágil, estos químicos pueden agravar problemas como la pérdida ósea o el deterioro cognitivo.

La piel es un área crítica de exposición masiva porque es el órgano más grande del cuerpo y absorbe fácilmente sustancias hacia el torrente sanguíneo. Sin embargo, como nunca se nos enseñó sobre esto, aplicamos productos sobre ella sin pensarlo dos veces: bloqueadores solares, cremas antienvejecimiento, desodorantes antitranspirantes, colonias, perfumes, maquillaje, gel para el cabello... Todo con buenas intenciones, confiando en las empresas que los fabrican. Pero estos productos pueden causar daño a nivel micro y macro: alteraciones hormonales, daño al ADN, disminución de la fertilidad y destrucción de la flora interna. Los efectos no siempre son evidentes al inicio, pero se acumulan, y con el tiempo aparecen problemas que se atribuyen erróneamente al "proceso natural de envejecimiento".

Además, la ciencia que "respalda" la seguridad de muchos de estos productos no siempre es imparcial. Los investigadores dependen de subvenciones de gobiernos y farmacéuticas que esperan ciertos resultados. Si los estudios no arrojan lo que el patrocinador quiere, el financiamiento se corta. Sin fondos, la investigación se detiene, y el científico, para sobrevivir, se ve presionado a diseñar estudios que favorezcan la narrativa deseada por quien paga.

Así, la objetividad cede terreno a la rentabilidad, y los hallazgos inconvenientes se entierran o se reinterpretan. Cuando 27 empresas controlan el complejo militar-industrial, 30 dominan toda la industria médica, 10 controlan el suministro de alimentos y 6 controlan el flujo de información, es fácil entender cómo el amor al dinero —que 1 Timoteo 6:10 declara como raíz de todos los males— puede distorsionar valores y prioridades.

Por eso, leer etiquetas y comprender los ingredientes es un paso crucial para proteger nuestra salud en un mundo lleno de disruptores endocrinos. La conciencia es la primera línea de defensa. Al saber qué contienen los productos que usamos, podemos evitar sustancias que afecten negativamente nuestras hormonas y nuestro bienestar general. Y al hacerlo, mantenemos este templo —nuestro cuerpo— en las mejores condiciones para cumplir el llamado que Dios nos ha hecho.

Capítulo 17 – Cielos Químicos

"Lo que realmente necesitamos preocuparnos es por el cambio climático causado por el hombre: las cosas que se están haciendo en los cielos sobre todos nosotros." –
Autor desconocido

La pulverización deliberada de los cielos con productos químicos para, supuestamente, modificar el clima o bloquear el sol ha estado en práctica durante mucho tiempo. Ha recibido diferentes nombres como siembra de nubes, geoingeniería, ingeniería climática, gestión de la radiación solar, inyección de aerosoles estratosféricos y, más recientemente, comúnmente se le llama estelas químicas o *Chemtrails*. Su objetivo declarado es combatir el cambio climático, y así han logrado hacerlo durante tanto tiempo.

Oficialmente, las agencias gubernamentales y toda la comunidad científica nos dicen que las operaciones de ingeniería climática son solo una propuesta. Nos dicen que si se desplegaran programas de ingeniería climática, geoingeniería o gestión de la radiación solar, sería como último recurso contra el colapso climático. Pero según ellos, nada está en marcha actualmente, aunque existen más de 1,100 patentes para alguna variación de manipulación del clima.

Una de las mayores mentiras jamás perpetradas sobre las poblaciones de todo el mundo es la mentira de las estelas de condensación (*Contrails*). Lo que vemos hoy en los cielos no es condensación, sino dispersión de partículas pulverizadas, con pocas excepciones. Las estelas de condensación no permanecen, se disipan y no se convierten en cobertura nubosa. Las estelas de condensación ocurren naturalmente cuando el aire frío a gran altitud reacciona con el dióxido de carbono y el vapor de agua del escape, creando cristales de hielo. Estos cristales de hielo son lo que los aviones normalmente dejan a su paso mientras vuelan. Sin embargo, este tipo de cristales se disuelven fácilmente, y la estela que queda se disipa rápidamente. Muchas de las estelas que hoy cubren nuestros cielos, usualmente en patrón de cruz o incluso en forma de tablero de ajedrez, no son normales ni naturales: son *Chemtrails*.

Este término "Chemtrails" incluso se mencionó por nombre en el Proyecto de Ley 2977 en 2001, bajo la Ley de Preservación del Espacio, aunque el ejército niega que exista tal programa. Como se puede imaginar, esto no recibe mucha publicidad o atención mediática, pero el hecho de que esté registrado debería decir mucho.

La definición de modificación del clima es "cualquier actividad realizada con la intención de producir cambios artificiales en la composición, el comportamiento o la dinámica de la atmósfera." Así que, cualquier vez que algo se inyecta en la atmósfera con el propósito de modificar el clima, es modificación del clima, incluso si todos los motores de búsqueda de Internet dicen lo contrario. Y una vez que el clima es inyectado con partículas para cambiarlo, se convierte en un gran experimento científico y todos nosotros somos los conejillos de indias.

El oscurecimiento global, también llamado *atenuación solar*, es otro término que se refiere a la cantidad de luz solar directa que ya no logra llegar a la superficie de donde vivimos. Las partículas que dispersan la luz se están colocando y acumulando en la atmósfera y limitan cuánta luz solar llega realmente a la superficie. Nos dicen que esas partículas son subproductos de motores de gas y aviones que se acumulan en el aire, pero la verdad es que esas partículas están siendo rociadas deliberadamente. No están ahí por accidente.

El método más nuevo de este experimento de modificación del clima es algo llamado **S.A.T.A.N.** (*Stratospheric Aerosol Transport And Nucleation*), que es solo una forma elegante pero siniestra de decir que están inyectando partículas en el aire para modificar el clima. Aunque la Regulación 9115 de la FAA establece que "ningún piloto al mando de una aeronave civil puede permitir que se deje caer cualquier objeto desde la aeronave en vuelo que cree un peligro para personas o propiedades", esto sigue ocurriendo en todo Estados Unidos hoy en día.

Algunos aviones de gran altitud ahora están equipados con tecnología que permite encender y apagar los rociadores con solo presionar un botón. Esto permite que los pilotos sean más selectivos sobre dónde se libera el spray y también puede hacer que parezca que las estelas creadas son más naturales.

Resulta que están rociando decenas de millones de toneladas de metales pesados tóxicos reflectantes y partículas poliméricas en la atmósfera cada año. Esto crea nubes artificiales que cubren el cielo, se dispersan muy lentamente y se convierten en formaciones nubosas brumosas que generalmente resultan en patrones climáticos anormales en los días siguientes.

Las rayas en el cielo, las formaciones nubosas irregulares y la neblina turbia que llena la atmósfera son pruebas de lo que está sucediendo a nuestro alrededor. Mencionar esto hace unos años te habría etiquetado como un "teórico de la conspiración" sin pruebas reales, a pesar de las numerosas patentes y demostraciones mostradas en noticias, programas de televisión e incluso artículos científicos legítimos que demuestran que realmente está sucediendo. Además, la evidencia de nuestros propios ojos nos dice que las nubes de hoy no son las mismas que veíamos cuando éramos niños. Y los patrones climáticos tampoco son como los de entonces.

Dependiendo de cómo busques este fenómeno, puedes obtener una gran variedad de respuestas. Si escribes "Chemtrails" en el buscador, obtendrás artículos que lo etiquetan inmediatamente como "teoría de la conspiración" y "no probado". Pero si escribes "Cloud Seeding", encontrarás artículos, publicaciones científicas y videos que confirman su uso. Aunque sean eufemismos el uno del otro y signifiquen lo mismo, la forma en que buscas la información real marca la diferencia. Y dado que la información fluye desde cinco corporaciones principales, es imperativo que investiguemos y discernamos a un nivel más alto. No podemos aceptar simplemente lo que nos dicen, porque no todo es lo que parece.

Todo tipo de nanopartículas como sulfatos, metales pesados, aluminio, bario, cadmio, plomo, litio, mercurio, junto con varios tipos de bacterias, virus, moho e incluso hongos están en estas mezclas que se rocían en los cielos.

En 1977, hubo una audiencia en el Senado que confirmó que 239 áreas pobladas habían sido deliberadamente contaminadas con agentes biológicos entre 1949 y 1969. La bahía de San Francisco fue una de esas áreas en 1950. Dos especies de bacterias, *Bacillus globii* y *Serratia marcescens*, fueron probadas en esa zona mediante rociado aéreo.

El objetivo nunca fue claro, pero el hecho de que el público no fuera consciente de ese experimento hasta que salieron estas audiencias del Senado mostró que había objetivos nefastos. La pregunta entonces es: ¿por qué se necesitarían moho, hongos, virus y bacterias para combatir el cambio climático? ¿Había otra agenda en juego?

Aunque ahora lo admiten y usan esta idea de combatir el cambio climático como excusa, no puede haber una razón científica detrás de tantos de estos químicos y biológicos. La tasa a la que estas cosas se disipan depende del clima, el viento y la presión atmosférica. Pero como estas condiciones siempre cambian, demuestra que todo es solo un gran experimento. Y nosotros somos los sujetos de prueba.

Los sulfatos, metales y materia orgánica que se rocían en el cielo también terminan en los cultivos, el suelo, las plantas de tratamiento de aguas residuales, los embalses y el ganado. Así que incluso si un alimento se etiqueta como "orgánico", ¿puede realmente ser orgánico con tantos químicos cayendo sobre él desde arriba? Cualquier cosa que esté en la superficie de un alimento puede ser fácilmente absorbida por él, y la saturación puede ocurrir fácilmente.

¿No deberíamos considerar que cada respiración que tomamos está llena de partículas altamente tóxicas que están causando estragos en nuestros cuerpos? Por ejemplo, el bario, una de las muchas partículas que se encuentran en estas formaciones, puede provocar dolores de estómago, dolores en el pecho, problemas de presión arterial e incluso debilitar el sistema inmunológico. Así, los problemas que empiezan a manifestarse en el cuerpo debido a estas sustancias pueden atribuirse fácilmente a otra cosa, y los puntos siguen sin conectarse. Y esto es solo uno de los muchos químicos, partículas y biológicos tóxicos que se encuentran en el spray que cubre nuestros cielos.

Estas partículas no se reportan en ningún sistema de control de calidad del aire. Y la razón es que esos sistemas buscan partículas de 2.5 micrones o más grandes. Pero las nanopartículas utilizadas en estas pulverizaciones son mucho más pequeñas y prácticamente no se reportan. Estas nanopartículas crean especies reactivas de oxígeno en materiales biológicos, lo que daña tejidos, provoca envejecimiento acelerado, causa afecciones cutáneas, enfermedades pulmonares, enfermedades neurodegenerativas como la demencia, afecta la función cognitiva e incluso puede causar cáncer.

Así que, además de que estas toxinas entran en los alimentos que comemos, también nos bañan a nivel microscópico. Estas partículas caen sobre nosotros no solo a través del rocío matinal, la niebla a nivel del suelo, la condensación de mañanas y tardes, la neblina e incluso la lluvia.

Estamos siendo inundados con estas partículas que no tienen un estudio real a largo plazo sobre su seguridad o propósito, pero a nadie parece importarle o notarlo.

1 Tesalonicenses 5:6 dice: "Así que no durmamos como los demás, sino mantengámonos despiertos y sobrios." Proverbios 4:23 afirma: "Sobre toda cosa guardada, guarda tu corazón." Y Marcos 13:37 dice: "Y lo que a vosotros digo, a todos lo digo: velad." Debemos estar despiertos a estas cosas que suceden y hacer lo que podamos para combatirlas de todas las maneras posibles. Pero, como en la mayoría de las cosas, la conciencia tiene poder. Porque con esa conciencia, podemos aprender a adaptarnos a lo que enfrentamos.

Resulta que una de las principales causas de la contaminación del agua y del aire es lo que están rociando deliberadamente en nuestros cielos y los pesticidas con los que cultivan nuestros alimentos. Las sequías se están generando de la misma forma que las inundaciones. Frentes fríos inusuales, cambios climáticos extremos, vientos fuertes repentinos, huracanes destructivos, tornados poderosos, inundaciones inusuales, mayor cantidad de rayos durante tormentas y olas de calor con temperaturas extremas y baja humedad pueden atribuirse a estas actividades de geoingeniería. Incluso las noches/mañanas con niebla son el resultado de sus prácticas de atenuación solar. Pero nadie quiere mirar lo obvio y, en cambio, todos prefieren asumir que es natural debido al cambio climático.

Este impulso por culpar a estas cosas como "cambio climático" es parte del plan. Quieren que creamos que la superpoblación está causando un aumento excesivo de dióxido de carbono, que supuestamente está dañando la "capa de ozono" del planeta. Pero cualquier estudiante de biología de secundaria recuerda cómo las plantas necesitan y absorben dióxido de carbono y liberan oxígeno, mientras que los humanos y animales necesitan y absorben oxígeno y liberan dióxido de carbono. Es una variación del círculo de la vida en la que nuestros subproductos son lo que las plantas necesitan para sobrevivir, y sus subproductos son lo que nosotros necesitamos para sobrevivir. Este equilibrio ilustra la sabiduría, omnipotencia y previsión de Dios, que diseñó un sistema para mantener el equilibrio en este lugar que habitamos.

Pero, para ayudar a impulsar una agenda, quieren que creamos que hay demasiadas personas y

animales en el planeta y que el exceso de
emisiones de carbono está contribuyendo a este
cambio climático que resultará en una catástrofe si
no se toman medidas. Todo se trata de control.
Creen que hay que "reducir el rebaño" para
mantener el control. Pero no pueden decirlo
abiertamente ni actuar directamente, así que
disfrazan sus intenciones con objetivos nobles y
metas virtuosas.

Pero esta agenda no es nueva. Estos alarmistas la
impulsaron en los 80, diciendo que para el año
2000 "naciones enteras podrían desaparecer de la
faz de la Tierra por el aumento del nivel del mar si
no se revertía la tendencia del calentamiento
global." Volvieron a empujarla en los 2000 con el
Protocolo de Kioto y luego con "Una verdad
incómoda" de Al Gore. La idea entonces y ahora es
que el cambio climático avanza a un ritmo
alarmante y, si no se hace nada, el mundo
terminará antes de que los hijos de nuestros hijos
tengan una oportunidad.

Pero, ¿y si el cambio climático en realidad estuviera
ocurriendo por esta "pulverización de los cielos" y
la forma en que ahora se está usando el clima
como arma? Sería el ciclo perfecto de "problema-

reacción-solución" que vemos no solo aquí, sino en otras áreas de la sociedad.

La Dra. Judith Curry, climatóloga con más de 140 libros científicos publicados, afirma que el cambio climático tal como nos lo cuentan no es exacto y tiene una agenda detrás. Sin embargo, los medios ignoran sus afirmaciones. El profesor Ian Pilmer, que ha estudiado los cambios en el clima, coincide con ella. El fundador de Weather Action, Piers Corby, dice que el CO_2 no tiene efecto en el cambio climático, contrario a lo que quieren que creamos. John Coleman, fundador de The Weather Channel, también dice que no hay calentamiento global. Pero luego tenemos a Greta Thunberg, que con 16 años habló en la Cumbre de Acción Climática de la ONU ante líderes mundiales. Y todas las miradas y oídos estaban en ella, a pesar de no ser científica, no tener formación formal en patrones climáticos e historia, y estar leyendo un guion. Sin embargo, la cobertura mediática fue tan grande que incluso hoy es vista como portavoz del cambio climático.

Su llamado emocional a los líderes mundiales para que hicieran algo por su futuro atrajo la atención mediática como pocos. Así es como funciona la manipulación mediática: encuentran voces que encajan con una narrativa y las promocionan desde varios ángulos, esperando que las voces disidentes se ahoguen y sean olvidadas.

Este cambio en el clima no es por las vacas, las personas, los coches o camiones. El cambio climático puede ser real, pero sus causas pueden ser mucho más complejas y controladas de lo que nos han hecho creer. Mientras que el discurso principal lo atribuye en gran parte a las emisiones de carbono y la actividad industrial, la evidencia creciente exige que ampliemos el enfoque.

Vivimos en un momento en el que el clima ahora se está usando como arma y se etiqueta como cambio climático para avanzar una agenda que no busca nuestro beneficio. Gente real está siendo afectada por este clima manipulado, y parece que las cosas solo están empeorando.

Las cientos de patentes sobre siembra de nubes, geoingeniería y modificación del clima muestran que el cambio climático real está siendo afectado, al menos en parte si no completamente, por estos métodos y experimentos hechos por el hombre en nuestros cielos. Una vez que empecemos a prestar atención a estas formaciones nubosas artificiales y a cómo el clima cambia poco después de que ocurre la pulverización, podremos empezar a conectar los puntos más fácilmente. Solo entonces podremos darnos cuenta plenamente de cómo se manipulan los cielos y se usa el clima como arma. Y esto lleva ocurriendo desde hace mucho tiempo.

Capítulo 18 – Vacunas

"Estamos en medio de un experimento químico no regulado en nuestros hijos y nietos, y aún no conocemos las consecuencias completas." – Dr. Pete Meyers

Dresden James dijo recientemente: "Cuando una red de mentiras bien empaquetada ha sido vendida gradualmente a las masas durante generaciones, la verdad parecerá absolutamente absurda y quien la diga será considerado un loco delirante." Aquí hay una de esas mentiras bien empaquetadas: las vacunas ayudaron a erradicar enfermedades y son una necesidad para una comunidad sana y próspera. Esto está muy lejos de la verdad, pero para las masas, esto ni siquiera está sujeto a debate.

La mayoría de la gente tiene la impresión de que las vacunas realmente detuvieron las enfermedades en seco. Pero la realidad es que la mayoría de las enfermedades disminuyeron drásticamente antes de que se introdujera alguna vacuna. La literatura científica ahora admite esto a través de gráficos y artículos publicados que ilustran cuándo comenzó a aparecer la enfermedad, el descenso constante de casos de esa enfermedad y luego la introducción de una vacuna. En el 99.99% de los casos, la enfermedad alcanzó un punto máximo y luego comenzó a disminuir constantemente.

Por ejemplo, en 1900, el número de personas que murieron por sarampión era de 13.3 por cada 100,000. En 1940, ese número cayó a 0.5 por cada 100,000. En 1960, la tasa de mortalidad era de 0.02 por cada 100,000. La vacuna contra el sarampión no se introdujo hasta 1963, momento en el cual el número ya era drásticamente bajo. Lo mismo sucedió con la difteria, la fiebre tifoidea y la tos ferina. Para cuando se produjo una vacuna, la tasa de mortalidad ya había caído dramáticamente hasta casi desaparecer. En casi todos los casos, para cuando se creó una vacuna para una enfermedad en particular, esa enfermedad ya estaba a punto de erradicarse de forma natural. Pero los expertos se encargaron de dar todo el crédito a las vacunas. Esta idea se repitió tantas veces que se convirtió en verdad a los ojos de la sociedad.

La verdad es que una mejor nutrición, agua más limpia, mejores prácticas de saneamiento, pesticidas prohibidos como el DDT y la memoria celular del sistema inmunitario transmitida por nuestros antepasados, ayudaron a reducir la gravedad y la mortalidad de estas enfermedades de las que supuestamente nos salvaron las vacunas. Esto no minimiza los casos reales en que los niños contraen y sufren de sarampión u otras enfermedades contagiosas. Sin embargo, la exposición a estas enfermedades ayuda a crear un sistema inmunitario más robusto, mejor capacitado para lidiar con patógenos a lo largo de la vida. La inmunidad natural siempre superará a la inmunidad inducida por vacunas. Dios lo diseñó así, a propósito.

Nuestros sistemas inmunitarios fueron creados con el propósito de fortalecerse con el uso. La exposición a patógenos crea un estímulo que fortalece nuestro sistema inmunitario y genera inmunidad duradera. La memoria de esa inmunidad queda impresa en esas células inmunitarias y esa memoria se transmite a cada célula inmune que viene después. Así, cada generación de células inmunitarias que surge después de una infección es mucho más capaz de enfrentar futuras infecciones, debido a lo que las generaciones anteriores de células tuvieron que superar. Esa es, en esencia, la forma en que Dios creó que funcionara nuestro sistema inmunitario. Igual que un músculo: cuanto más se fuerza a fortalecerse y adaptarse, más capaz es de generar poder. Cuanto más se usa, más fuerte se vuelve. Así también funciona nuestro sistema inmunitario.

Cuando un bebé nace, nace con un sistema inmunitario que es como el hardware de una computadora. Ese hardware luego se programa con software, y parte de ese software para programar el sistema inmunitario es contraer enfermedades durante la infancia. Los niños deben enfermarse, no evitarlo. Porque esas infecciones actúan como actualizaciones de software que mantienen el hardware funcionando al nivel óptimo para el que fue diseñado. Esas infecciones tempranas y permitir que el cuerpo se adapte naturalmente previenen y protegen contra el cáncer, enfermedades cardíacas y muchas otras infecciones más adelante en la vida.

Tiene que haber una revolución en la medicina alopática, porque la profesión médica ha sido completamente controlada por las grandes farmacéuticas, y no se están abordando las causas raíz de las enfermedades. Los medicamentos que suprimen los síntomas solo ocultan los síntomas, pero no resuelven el problema. De hecho, están suprimiendo la capacidad del cuerpo de aprender a combatir infecciones de manera efectiva y eficiente.

Resulta que la mayoría de los consultorios pediátricos sobreviven gracias a los ingresos y beneficios que obtienen por administrar vacunas. Reciben incentivos de los fabricantes de vacunas para tener un alto porcentaje de sus pacientes vacunados. Y su práctica no podría mantenerse sin estos incentivos. De hecho, muchos cerrarían rápidamente. Es un mercado empresarial de vacunas, y los consultorios que no logran que suficientes niños se vacunen no tendrán los incentivos económicos para mantenerse abiertos. Estos incentivos provienen no solo de los fabricantes de vacunas, sino también de las compañías de seguros. Los consultorios pequeños pueden ser muy rentables si cumplen. Incluso se les ofrecen cursos que les enseñan a ellos y a su personal cómo comunicarse de manera más efectiva para lograr que los padres cumplan con el calendario de vacunación. Se les enseña cómo manipular sutilmente, avergonzar, amenazar y coaccionar a los padres para obtener su cumplimiento. Porque saben que, si no lo hacen, sus consultorios no sobrevivirán mucho tiempo.

Los prospectos de las vacunas son hojas dobladas en múltiples formas para caber de manera discreta dentro de la caja en la que viene la vacuna. Rara vez son leídos por los médicos y aún menos por los padres. Pero contienen una gran cantidad de información, gran parte de la cual parece excesivamente complicada para que nadie se detenga a revisarla. Los profesionales de la salud simplemente confían en lo que les dicen las compañías farmacéuticas y los representantes que las venden. Pero si alguien revisara los ingredientes de todas estas vacunas en esos prospectos, y buscara qué hacen y cómo afectan al tejido vivo, jamás volvería a vacunarse.

Incluso la más mínima investigación revelaría lo que realmente contienen estas sustancias. Y esa investigación conduciría a la conciencia de que muchos de los ingredientes, por sí mismos, son perjudiciales y tóxicos para la salud humana. Tanto así, que sería difícil imaginar que alguien creyera que inyectarse cualquiera de estos ingredientes tóxicos, mucho menos una combinación de ellos, mejoraría su salud y salvaría su vida.

Por ejemplo, el prospecto de la vacuna triple viral (MMR) contiene 42 párrafos de advertencias y reacciones adversas. Advertencias que, si alguien se tomara el tiempo de leer, le harían pensarlo dos veces antes de administrársela a su hijo. Uno de los efectos secundarios es la propia enfermedad que se supone que previene, el sarampión. Otros efectos incluyen convulsiones, encefalitis, neumonía e incluso la muerte. Y la sección 13.1 de todo prospecto aprobado por la FDA dice: "Esta vacuna no ha sido probada para carcinogénesis o mutagénesis..." Esto significa que no saben los efectos a largo plazo que podría tener inyectar esto en el cuerpo. Puede causar mutaciones que lleven al cáncer o provocar cáncer solo por sus ingredientes.

Tan solo leyendo el prospecto dentro de la caja de la vacuna, cualquier padre tendrá más información que el propio médico que la administra. Y con esa información, podrá tomar una decisión más informada.

En 1962, la cantidad de vacunas requeridas para los niños era de solo cinco dosis. Para 1983, ese número había aumentado a 24 dosis. En 1986, se estableció la **Ley Nacional de Lesiones por Vacunas en la Infancia** (*National Childhood Vaccine Injury Act*, NCVIA) como una forma de proteger a los fabricantes de vacunas de la responsabilidad por lesiones causadas por las mismas. En el papel, el objetivo era garantizar un suministro estable de vacunas y evitar que las demandas desalentaran el desarrollo de nuevas vacunas. Según esta Ley, las personas perjudicadas por vacunas podían buscar compensación a través del Programa Nacional de Compensación por Lesiones por Vacunas (*VICP*), en lugar de demandar directamente a los fabricantes. Esto trasladaba la carga financiera de las indemnizaciones a los contribuyentes y eliminaba toda responsabilidad de las farmacéuticas. Esa conveniencia ahora les permitía fabricar un producto que pudiera causar daño corporal sin ser responsables de ello.

Desde entonces, se han producido innumerables lesiones, pero debido a esta ley y al apagón mediático sobre el tema, el público general sigue sin saberlo. Incluso hoy en día, el simple hecho de solicitar y ser aceptado para recibir una compensación por una lesión evidentemente causada por una vacuna ha demostrado ser extremadamente difícil y tedioso, con muchas trabas y obstáculos. Se estima que más del 75% de las solicitudes son rechazadas, lo que mantiene las cifras manipuladas y subreportadas. Esto hace que parezca que hay menos lesiones por vacunas de las que realmente existen, generando una falsa sensación de seguridad.

Tan pronto como esta ley fue aprobada en 1986, la cantidad de vacunas recomendadas para niños aumentó aún más. En 2016, el número de dosis subió a 72 y hoy está en 108 y aumentando. Si un niño recibe todas las vacunas del calendario actual, recibirá casi 13,000 microgramos de aluminio, 600 microgramos de mercurio y más de 200 químicos diferentes. Todos estos son tóxicos que no se pueden simplemente tirar a la basura; deben ser eliminados cuidadosamente por alguien con un traje de materiales peligrosos. Pero los profesionales de la salud y los padres aceptan ponerlos dentro de los niños con la falsa promesa de que prevendrán enfermedades.

Aun con eso, quieren que creamos que no hay nada de qué preocuparse. Sin embargo, el autismo ha pasado de 1 en 150 a 1 en 36 actualmente. Y en los niños varones, las cifras son aún mayores: 1 de cada 22 tiene autismo hoy. Cuando el investigador Dan Olmsted estudió a los Amish, que no vacunan a sus hijos, encontró solo 3 casos de autismo, y esos 3 eran niños adoptados que habían sido vacunados antes.

En general, el autismo prácticamente no existe en la comunidad Amish. Y cuando el Dr. James Neuenschwander realizó un estudio, descubrió que cuantas más visitas de vacunación recibe un niño, mayor es la probabilidad de que desarrolle autismo. Solo una visita de vacunación aumentaba el riesgo de autismo en un 70%. Si el niño cumplía todas las visitas recomendadas en el calendario, el riesgo subía al 440%.

El argumento usado para refutar estas cifras se basa en una falacia fácil de desmontar: dicen que se debe a "mejores diagnósticos" o "mayor conciencia". Pero no vemos que 1 de cada 36 adultos mayores de 50 años tenga autismo, ni 1 de cada 22 ancianos en residencias. Si todo se debiera a un "mejor diagnóstico", sería cierto en todos los grupos de edad, no solo en los nacidos después de 1985.

Desde 1990, el TDAH ha aumentado un 819%, el trastorno bipolar en jóvenes un 10,833%, el síndrome de fatiga crónica un 11,027%, y las alergias han aumentado más de un 50%. Hoy, 1 de cada 12 niños tiene alergias alimentarias, 1 de cada 5 tiene enfermedades crónicas y 1 de cada 285 será diagnosticado con cáncer antes de cumplir 20 años. No se dice que las vacunas causen todo esto, pero existe un efecto acumulativo que lleva tiempo ocurriendo, y la combinación de factores está causando estragos, especialmente en los jóvenes.

Si le dieras a tu hijo los ingredientes de una vacuna para comer, serías acusado de un delito. Pero inyectarlos en el consultorio médico se llama "atención médica".

Desde 1989, se han pagado más de 5 mil millones de dólares a víctimas de lesiones y muertes por vacunas a través del VICP. Imagina cuál sería esa cifra si la tasa de aprobación de reclamaciones fuera mayor al 25% actual. O si más médicos de atención primaria documentaran los casos y no bloquearan que avanzaran como lesiones inducidas por vacunas. O si los fabricantes tuvieran que pagar de su bolsillo, en lugar de que el gobierno/contribuyentes asumieran el gasto.

Si las vacunas fueran realmente "seguras y eficaces" para todos, ¿por qué existe este fondo? ¿Por qué los médicos que investigan la ciencia detrás de las vacunas y hablan sobre sus efectos secundarios son silenciados? ¿Y por qué seguimos viendo que la salud infantil cae en picada desde 1990?

Las vacunas se introdujeron bajo la premisa de que producirían beneficios para la salud que superarían con creces los riesgos. Pero la verdad está muy lejos. De hecho, ninguna de las 43 vacunas obligatorias para niños ha sido probada para seguridad en un ensayo controlado con placebo. El Departamento de Salud y Servicios Humanos (HHS) lo ha admitido, aunque ese documento es difícil de encontrar en su sitio web. Y las "enfermedades" que las vacunas supuestamente previenen no son en realidad enfermedades graves, sino dolencias que nuestros padres y abuelos enfrentaron y superaron. No eran mortales, sino molestas.

Obviamente, nadie quiere que su hijo enferme, pero es una parte importante del desarrollo y fortalecimiento del sistema inmunitario innato que Dios nos dio. Como se mencionó antes, el sistema inmune se fortalece con el uso. La exposición repetida a gérmenes y patógenos lo obliga a ser más eficiente y eficaz para superar enfermedades. Esto le permite construir defensas más rápidas y específicas con el tiempo. Las enfermedades, aunque se consideren dañinas, desempeñan un papel crucial en este proceso. Entrenan al sistema inmunitario para distinguir entre agentes peligrosos e inofensivos, haciéndolo más resistente. Así fue como Dios creó este sistema, y depende de nosotros confiar en él y en Dios.

El miedo y la propaganda son herramientas poderosas utilizadas para manipular la percepción pública sobre enfermedades. Esto a menudo empuja a las personas a tomar decisiones que sirven a los intereses de otros y no a los propios. Al inundar a los medios con mensajes cargados de emoción e información selectiva, quienes están en el poder pueden anular el pensamiento crítico y crear una falsa sensación de urgencia o consenso. Y, en esencia, pueden sembrar dudas en Dios y en los sistemas que Él puso en marcha. Esa duda tiende a crecer y a extenderse.

En 1 Corintios 6:19-20 se dice: *"¿No saben que sus cuerpos son templos del Espíritu Santo, que está en ustedes, y que han recibido de Dios? Ustedes no son sus propios dueños; fueron comprados por un precio. Por lo tanto, honren a Dios con su cuerpo."* Como se ha mencionado antes, Satanás no puede matar a Dios, así que hará todo lo posible por herirlo. Una forma de hacerlo es profanando el templo que es nuestro cuerpo. Por eso debemos ser cuidadosos con lo que ponemos en nuestro cuerpo y sobre él.

Mantener el templo limpio, puro y sin contaminación debería ser una de nuestras más altas prioridades, algo que debemos cuidar diariamente. A través del engaño, la perversión y estrategias a largo plazo, Satanás ha encontrado maneras de manchar, corromper y profanar ese templo, y una de las formas más significativas es contaminándolo con células de fetos abortados. El asesinato de bebés, nacidos o no, es la manera más directa de Satanás de causar dolor a Dios. Así que, cuando las células de esos bebés son inyectadas voluntariamente en humanos sanos, es la forma de Satanás de enviar un mensaje a Dios.

Nadie se inyectaría voluntariamente células de un bebé abortado en sí mismo o en sus hijos. Por eso, las farmacéuticas usan términos como WI-38 y MRC-5 para enmascarar que esos ingredientes provienen de células fetales usadas en muchas vacunas actuales. Usan estos términos para desviar la atención del verdadero origen. Pero como la mayoría de las personas nunca investigará por sí misma, estos ingredientes nunca son cuestionados.

Una simple búsqueda te diría que WI-38 son células del tejido pulmonar de un feto femenino de 3 meses abortado voluntariamente. MRC-5 son células del tejido pulmonar de un feto masculino de 14 semanas, también abortado voluntariamente. Y como se dijo antes, una de las formas más profundas en que Satanás puede herir a Dios es mediante la muerte de bebés inocentes. Si logra convencer a las personas de que matar bebés es su derecho, e incluso una necesidad, y luego usar esas células para inyectarlas a las masas, es un acto de máximo desprecio.

Y como estas líneas celulares provienen de un feto masculino y uno femenino, contienen ADN correspondiente al sexo que tenían antes de ser abortados. Cuando ADN masculino se inyecta en mujeres, puede causar todo tipo de problemas que no siempre son visibles de inmediato. Y lo mismo sucede cuando ADN femenino se inyecta en hombres. El hecho de que estas líneas celulares se usen en varias vacunas, y que estas se administren repetidamente a los niños, debería ser motivo de preocupación.

Otros ingredientes presentes en las vacunas y desconocidos para el público en general incluyen células renales de mono, células renales de perro y suero fetal bovino (obtenido de la sangre de fetos de vaca). Usan siglas y jerga para que suenen menos alarmantes de lo que realmente son.

Por ejemplo, las células renales de perro se etiquetan como MDCK (*Madin-Darby Canine Kidney*), que es una forma sofisticada de decir que provienen de un cachorro de cocker spaniel. Oficialmente, se usan porque proporcionan un entorno estable y duradero para cultivar virus necesarios para crear ciertas vacunas.

Una razón más siniestra para usar ADN de otros humanos y especies es provocar una reacción autoinmune. El problema es que las reacciones autoinmunes traen consigo problemas que duran toda la vida. Piensa en esto: cuando una persona recibe un trasplante de órgano, debe tomar medicamentos antirrechazo de por vida. Estos medicamentos están diseñados para disminuir la reacción del sistema inmunitario contra los órganos y células extrañas. El sistema inmunitario sabe de inmediato que estas células o tejidos no son tuyos y los atacará. El cuerpo rechazará cualquier tejido extraño porque reconoce que no tiene tu ADN. Es un gran sistema hecho por Dios, pero complicado si necesitas un trasplante... o si inyectas ADN extraño en tu cuerpo.

Así, ADN de cocker spaniel junto con otros tipos de células de otras especies se mezclan con químicos y se inyectan en recién nacidos y niños pequeños. No es de extrañar que las enfermedades autoinmunes estén aumentando y que la inmunidad parezca estar en declive. El cuerpo se ataca constantemente a sí mismo, y como está tan ocupado en esa tarea, tiene menos recursos para defenderse de invasores reales y patógenos.

Entonces, ¿son realmente necesarias las vacunas para la salud y la longevidad? Las investigaciones muestran que las personas no vacunadas están entre las más saludables. Un estudio observó a personas nacidas en la década de 1950, antes de que existieran los calendarios de vacunación, y analizó su salud actual. La diferencia era enorme. Otros cinco estudios muestran que "si los niños crecen de forma natural, sin vacunas, tienen los mejores resultados".

Existen más de 200 estudios publicados que muestran cómo las vacunas causan una desregulación del sistema inmunitario. Esto significa que sus sistemas inmunitarios no funcionan tan bien como deberían y que, por lo tanto, tienden a enfermarse más a menudo.

Un estudio realizado entre 1980 y 2001 por los Institutos Nacionales de Salud (NIH) encontró que, durante 20 años, el porcentaje de ancianos que recibían la vacuna contra la gripe aumentó drásticamente del 15% al 65%. Lógicamente, las muertes por gripe en ancianos deberían haber caído en picada. Sin embargo, siguieron aumentando, dejando perplejos a los investigadores.

Analizaron los datos, ajustaron por todos los factores posibles y aún así no encontraron reducción en las muertes por gripe. Luego observaron otros países y encontraron lo mismo. La

143

conclusión: la vacuna contra la gripe no redujo las muertes en ancianos; de hecho, muchos creen que contribuyó a ellas.

Un estudio más reciente del Cleveland Clinic sobre la efectividad de la vacuna contra la gripe mostró que las personas vacunadas tenían un 27% más de probabilidades de contraer gripe que las no vacunadas, lo que sugiere que quienes no se vacunan ya tienen protección natural.

Como era de esperar, estos estudios recibieron muy poca atención y no llegaron al público masivo, ya que habrían roto la narrativa oficial.

Más investigaciones muestran que las vacunas no solo afectan al sistema inmunitario, sino también al cerebro y al resto del cuerpo. El aluminio y el mercurio son solo dos de muchos tóxicos capaces de atravesar la barrera hematoencefálica, causando encefalitis, trastornos neurológicos, daño al sistema nervioso e incluso la muerte. Esto está relacionado con el **síndrome de muerte súbita del lactante** (SIDS).

El SIDS es la muerte "inexplicable" de un bebé aparentemente sano mientras duerme. Estos casos aumentaron en los años 80 y 90, y padres y médicos buscaban respuestas en cunas, ropa de cama e incluso culpando a los padres.

No fue hasta 2021 que un estudio revisado por pares en *Toxicology Reports* examinó más de 2,600 muertes infantiles reportadas al VAERS y encontró que el 58% ocurrieron dentro de los 3 días posteriores a la vacunación, y el 78.3% dentro de los 7 días.

Un informe interno de GlaxoSmithKline, revelado durante un juicio en Italia, mostró que el 97% de las muertes infantiles posteriores a la vacunación ocurrieron dentro de los 10 días posteriores. Aun así, los funcionarios de salud pública suelen descartar estos casos como "inexplicables".

Los expertos suelen encontrar lo que buscan, y si no buscan, rara vez encontrarán. Cuando algo no encaja en el marco actual, muchas veces ni se ve ni se estudia. Así es como funciona la "ciencia" de las vacunas.

Para quienes tienen ojos para ver y oídos para oír, la investigación es cada vez más clara: los niños no vacunados son más sanos que los vacunados, y las vacunas causan más daño del que nos han hecho creer. Las lesiones por vacunas no son tan raras y no son "seguras y efectivas" como se repite constantemente. Nos han condicionado a creer que trastornos autoinmunes, infecciones de oído, sinusitis, alergias, eccema, convulsiones y SIDS son normales.

Es difícil imaginar que el cuerpo humano haya sido diseñado tan mal que los bebés necesiten más de 25 inyecciones de químicos sintéticos, metales pesados, secreciones animales y células fetales abortadas antes de cumplir un año para estar sanos.

¿Cómo tiene sentido inyectar a nuestros hijos vivos con partes de niños muertos a través de estas células fetales abortadas? ¿Cómo alguien piensa que la salud o la vida pueden venir de una industria que depende de mantener a la gente enferma crónicamente? No les conviene que haya humanos sanos, porque eso significa menos clientes.

Al final, no se trata tanto de ser "antivacunas", sino de ser pro-verdad y pro-ciencia. La idea de que inyectar agentes extraños, metales, biológicos y toxinas en el cuerpo mejora la salud y previene enfermedades no es solo una ilusión, sino una blasfemia contra el orden divino.

Nuestros bebés no nacen con deficiencia farmacéutica. No necesitan una inyección llena de aluminio, formaldehído y células fetales abortadas para estar sanos. En algún punto se produjo una desconexión masiva, y ahora la gente se niega a investigar lo que inyecta en sus hijos o en sí misma. Prefieren confiar ciegamente en los expertos porque así han sido condicionados. Pero algunos están empezando a despertar, a ver los costos futuros de sus decisiones presentes y a reconocer que las consecuencias pueden durar toda la vida.

Capítulo 19 – Covid

"La ciencia solía ser un enfoque sistemático de cuestionamiento continuo, experimentación y descubrimiento. Ahora es un dogma infalible respaldado por corporaciones, del que solo se permite hablar o conocer a 'expertos' selectivamente ordenados." – Alex Zeck

Cuando el Covid apareció en escena, el nivel de condicionamiento se descontroló. Los "poderes fácticos" vincularon toda virtud posible al cumplimiento, con recompensas y castigos sociales y de comportamiento. La gente creía que cumplir las reglas los hacía más inteligentes y mejores que quienes no cumplían. Esa complicidad tendría un costo que ahora comienza a hacerse evidente para quienes prestan atención. Pero, al igual que los magos que dependen de juegos de manos y distracciones para controlar hacia dónde mira el público, así lo hizo también la prensa.

Así, muchos permanecen sin saber las ramificaciones de su decisión y atribuyen las complicaciones que experimentan o ven en otros a eventos aleatorios o simplemente a algo propio de la vida. Pero nuestros cuerpos no fueron hechos para ser tan frágiles e inadaptables que enfermedades que normalmente solo afectan a personas mayores comiencen a afectar a los jóvenes en números escandalosos.

Las corporaciones ganaron miles de millones, mientras que los fabricantes fueron protegidos de cualquier responsabilidad. Las agencias que se suponía debían velar por el pueblo ignoraron las señales, mientras que los medios coludían con "verificadores de hechos" para desacreditar toda disidencia. Psicólogos elaboraron el mensaje mientras propagandistas creaban los eslóganes. Y personas comunes fueron aterrorizadas, aisladas y manipuladas hasta someterse. La idea no era salvar vidas, sino ejercer control. El conteo diario de muertes se convirtió en un elemento lúgubre fijo en los noticieros. Las cadenas mostraban estos números de forma destacada, a menudo en tiempo real, reforzando la necesidad de miedo y pánico.

Las actualizaciones constantes servían como un recordatorio sobrio de que no todo era como parecía. Y el objetivo era moldear y reforzar la percepción pública en torno al miedo, el pánico y la angustia. Estaban probando el uso del miedo hipnótico masivo para controlar a las personas y guiarlas en la dirección que eligieran. Y funcionó con muchos.

"No temas" aparece en la Biblia 365 veces. Y cuando algo se presenta como un "no...", se asemeja a una orden, una directiva, una exigencia. Es decir, se te dice específicamente que no lo hagas. Y el hecho de que esté en la Biblia tantas veces quizá signifique que Dios sabía que esta sería una de las cosas con las que más lucharíamos. Y cómo podría y sería utilizada fácilmente en nuestra contra para controlarnos e incluso derrotarnos, si lo permitimos.

Entonces, ¿por qué estaba muriendo tanta gente? ¿Y por qué todos los que morían de COVID, morían en el hospital? Nadie moría realmente de COVID en su casa. Eso debió ser la primera gran señal de alerta que merecía ser investigada. Especialmente porque los "efectos adversos de la atención médica" son la tercera causa principal de muerte en EE. UU. Este efecto adverso por tratamiento médico se llama enfermedad iatrogénica y se refiere a cualquier lesión o enfermedad causada por un error médico, error hospitalario o intervenciones sanitarias que resulten en la muerte del paciente. Es algo bastante significativo en EE. UU., pero como rara vez recibe atención mediática, la mayoría de la gente desconoce lo común que se ha vuelto. El hecho de que ahora sea la tercera causa principal de muerte es algo importante, incluso con poca o nula cobertura mediática.

Cuando el COVID estaba en su punto álgido, uno de los protocolos principales que se aplicaban de forma insistente en todos los hospitales de EE. UU. era un medicamento llamado Remdesivir junto con el uso de ventiladores. En 2018, Remdesivir fue considerado demasiado poco ético para los ensayos clínicos de Ébola en África porque tenía una tasa de mortalidad del 53%. El propio Ébola no llega a esa tasa de mortalidad. Todas las enfermeras y el personal hospitalario lo conocían como "Run, Death Is Near" ("Corre, la muerte está cerca") porque era notorio por causar fallo orgánico en los pacientes.

Y los ventiladores eran conocidos por provocar neumonía mortal, lo que empeoraba las dificultades respiratorias. Aunque el personal lo sabía, se les ordenó seguir aplicando ese protocolo. Más tarde, un estudio de la Universidad Northwestern descubrió este patrón y destrozó la narrativa oficial.

Pero como no coincidía con la narrativa establecida, los medios tradicionales no le dieron cobertura y los verificadores de hechos siguieron desestimando las afirmaciones. Y para las masas, si no sale en las noticias de TV, entonces no es información fiable. Así, muchos siguieron sin saber qué fue realmente lo que mató a sus familiares.

Ha habido una explosión de casos de cáncer en quienes recibieron las vacunas de ARNm. Personas de todas las edades, algunas en remisión de cánceres previos u otras que nunca habían tenido cáncer, están siendo diagnosticadas repentinamente. Y por primera vez en la historia, está apareciendo algo llamado "cáncer turbo", en el que el cáncer surge y en pocos meses se ha extendido por todo el cuerpo tan agresivamente que la metástasis sobrecarga los sistemas de órganos. Los medios tradicionales para combatir este tipo de cáncer suelen ser ineficaces. Y ahora la literatura científica muestra que la terapia de ARNm producía proteínas de espiga (*spike proteins*) que se unían al ADN, haciendo que esas células se volvieran anormales. Luego, cada vez que esas células afectadas se replicaban, aparecía el cáncer.

En todo momento hay numerosas células cancerígenas en nuestro cuerpo. Pero nuestro sistema inmune innato está diseñado para eliminarlas fácilmente. Sin embargo, por alguna razón, quienes recibieron la inyección de ARNm tienen dificultades para suprimir los cánceres. Las puertas que permiten al sistema inmune entrar y corregir el problema se cierran, bloqueando los sistemas dados por Dios para solucionar tales problemas.

Algunos estudios muestran ahora que hay contaminantes de ADN sintético en los viales de ARNm. Incluso antes de este estudio, algunos expertos advertían sobre la posibilidad real de que el ARNm pudiera transcribirse inversamente en el ADN de nuestras células.

Los verificadores de hechos contraatacaron con etiquetas y artículos de "desinformación" para enturbiar el asunto y sofocar la disidencia. Pero estos nuevos estudios mostraban ADN real en algunos viales, lo que significaba que la gente estaba siendo inyectada con ADN sin saberlo. Esto no se reveló inicialmente y aún hoy no se ha admitido por completo.

Cuando la posibilidad de este problema se planteó por primera vez, los expertos lo refutaron completamente. La gente fue manipulada y las afirmaciones se descartaron rápidamente. Porque sabían que, si el público general se enteraba de que esta tecnología podía infiltrarse en las células y cambiar su genoma, el término "GMO" (*organismo genéticamente modificado*) adquiriría un nuevo significado.

La tecnología de las inyecciones de ARNm también está demostrando ser algo llamado "autorreplicante". Esto significa que pueden replicarse por sí mismas, de manera autónoma, dentro del cuerpo de las personas inyectadas, para siempre. Y con esa replicación autónoma, la propagación de una persona a otra se amplifica, de forma similar a lo que conocemos como *shedding* o desprendimiento.

En términos simples, el *shedding* es cuando una persona vacunada libera o desprende los componentes de la vacuna hacia las personas que la rodean. La teoría sostiene que así pueden vacunar a todos sin tener que vacunar individualmente a cada persona. Esto no solo viola las leyes de "consentimiento informado", sino que también plantea serias preocupaciones para quienes no desean vacunarse.

También están aumentando los casos de coágulos de sangre. Los médicos que realizan autopsias y los directores de funerarias que embalsaman cuerpos ahora ven coágulos inusuales que nunca se habían observado antes de la pandemia. Estos coágulos son largos y fibrosos, con cualidades elásticas, y tienden a parecerse a bandas de goma o incluso a calamares. Son grandes estructuras blancas de fibrina y no contienen propiedades de la sangre.

Estos coágulos se encuentran bloqueando arterias, cortando la circulación hacia las extremidades y obstruyendo el suministro de sangre a los órganos. Resulta que la proteína de espiga, que se suponía debía permanecer en el área localizada del sitio de inyección, estaba invadiendo el cerebro, el corazón, la médula ósea y el sistema inmunitario. Se ha descubierto que no solo participa en este aumento de todo tipo de cáncer, sino también en la formación de estos coágulos que aparecen en los vacunados. Esto ha llevado a algunos científicos a llamarlos "bioestructuras diseñadas".

Medicare ha gastado más de 6 mil millones de dólares en Xarelto y más de 16 mil millones en Eliquis, ambos medicamentos anticoagulantes diseñados para tratar este tipo de condiciones. La cantidad de dinero que podría ahorrarse si se abordara la causa raíz del problema sería bastante significativa.

Pero debido a cómo está configurado el complejo industrial médico, nadie está conectando los puntos sobre por qué y de dónde vienen estos síntomas y enfermedades. Simplemente siguen reaccionando, desconcertados por el aumento de enfermedades y muertes en todo el mundo. Es como si no hubiera nada que ver, incluso cuando todas las pistas apuntan hacia donde no quieren mirar.

Otra consecuencia de la tecnología de la vacuna de ARNm se está viendo en atletas de todos los niveles, incluso en el ámbito escolar. El aumento de muertes súbitas por incidentes cardíacos ha crecido exponencialmente desde el inicio de la pandemia. La miocarditis, que es la inflamación de las paredes del corazón, está en aumento, provocando afecciones cardíacas que nunca antes se habían visto en este nivel. Las muertes súbitas entre atletas aumentaron un 1700% solo entre 2021 y 2022. La pericarditis subió un 690%, la miocarditis un 610% y el síndrome de Guillain-Barré un 250%.

Si uno de los objetivos de Satanás fuera infiltrar la medicina para crear un pueblo débil, frágil y enfermo bajo el disfraz de estar ayudándolo, puede que haya tenido cierto éxito. Porque nunca en la historia reciente hemos visto el nivel de enfermedad y dolencia que estamos viendo ahora. El Síndrome de Muerte Súbita del Adulto (*SADS*) es ahora una realidad. Y al igual que con el Síndrome de Muerte Súbita del Lactante (*SIDS*), nadie entiende por qué adultos y jóvenes están muriendo repentinamente y sin aviso.

Un estudio masivo de 99 millones de personas que recibieron la vacuna contra el Covid fue publicado, y el titular del artículo lo dice todo: *"El estudio más grande sobre vacunas jamás realizado encuentra que las inyecciones están vinculadas a pequeños aumentos en los riesgos de trastornos neurológicos, sanguíneos y cardíacos, pero siguen siendo extremadamente raros".* Cada declaración sobre el estudio se esforzaba por describir las lesiones como raras. Pero, ¿qué significa realmente "raro"?

En términos de este estudio, raro significa un riesgo 3.18 veces mayor de inflamación del cerebro y la médula espinal. Esto significa que aumentas tu riesgo de inflamación cerebral y espinal en un 318% sobre alguien que no recibió la vacuna. También hubo un riesgo 2.86 veces mayor de síndrome de Guillain-Barré, que es una forma de parálisis. Las personas tenían un 286% más de probabilidades de sufrirlo que quienes no se vacunaron. El riesgo de miocarditis era de 6.10 y el de pericarditis de 6.91. Estas condiciones afectan las paredes del corazón y muchos creen que son irreversibles. Si cada una de estas lesiones potenciales es tan rara como el artículo quiere hacer creer, ¿siguen siendo raras cuando se suman todas?

Tomemos como ejemplo la vacuna de Moderna. Usando el esquema estándar de 3 dosis, una persona aumentaría su riesgo de inflamación cerebral y espinal en un 378% con la primera dosis, pero también añadiría un 348% de riesgo de miocarditis con esa misma primera dosis. Un 610% de aumento de miocarditis con la segunda dosis y otro 201% con la tercera.

Y estos son solo los eventos adversos que el estudio analizó. De repente, "raro" ya no parece tan raro, especialmente para los millones de personas que han sido afectadas o tienen un ser querido afectado.

La Asociación Americana de Diabetes admite que el 40% de todas las muertes por Covid fueron diabéticos. Esta organización existe desde 1939 y su misión es prevenir y curar la diabetes, y mejorar la vida de todas las personas afectadas por ella. En 1980, había más de 5 millones de estadounidenses con diabetes. En 2010, eran más de 21 millones. En 2023, la cifra llegó a 38 millones.

Una organización que durante más de 84 años se comprometió a curar y prevenir la diabetes parece no estar avanzando hacia su objetivo. Lo mismo se puede decir de muchas otras asociaciones y organizaciones. A pesar de sus declaraciones de misión y objetivos, ¿cuál es realmente su progreso? Pueden recaudar dinero, organizar caminatas de 5 km y exhibir pancartas y carteles en todas partes, pero ¿dónde están los resultados? En Mateo 21:19, Jesús vio una higuera llena de hojas pero sin fruto: *"Nunca jamás nazca de ti fruto"*. Y al instante se secó. El árbol tenía apariencia de vida y promesa, pero no producía nada de valor real. Esto muestra que aparentar ser productivo sin producir resultados es inaceptable. La apariencia sola es inútil si no hay productividad real.

En este punto, necesitamos una aclaración sobre la diferencia entre la Ciencia y los científicos. Porque vivimos en una época en la que la gente sigue diciendo que confía en "la Ciencia", pero nunca realmente va a ver lo que la Ciencia dice. Solo miran a los científicos y confían en su interpretación de la información. Pero la verdadera Ciencia es el estudio de cosas observables y medibles.

La Ciencia consiste en cuestionar y nunca estar satisfecho con las respuestas. La Ciencia es dinámica, siempre cambia y nunca está "resuelta".

La Ciencia es pura y no puede ser corrompida por influencias como el dinero, el poder o la motivación humana. Sin embargo, los científicos sí pueden ser corrompidos. Muchos de ellos tienen títulos y, como parte de su formación, pueden haber memorizado información de libros de texto y conferencias para aprobar un curso.

Entonces, cuando la gente dice que cree en las vacunas porque cree en la Ciencia, uno debe preguntarse: ¿realmente han leído la investigación? ¿Entienden el método científico? ¿O están confundiendo creer en la Ciencia con creer en los científicos? Los científicos son humanos, lo que significa que son vulnerables a las mismas tentaciones que llevan a otros humanos a participar en prácticas que no son puras ni honestas. Esas tentaciones incluyen la promesa de dinero, poder, control y prestigio.

Y aunque estos científicos y médicos puedan comenzar con intenciones puras y excelentes, todos los humanos están sujetos a encontrarse en situaciones en las que pueden ser presionados a sacrificar la verdad por el bien de sus carreras, estilos de vida y legados.

La Ciencia, en cambio, no está sujeta a ninguna de esas tentaciones humanas. Los médicos y científicos que apoyan la vacunación generalmente trabajan para los Centros para el Control y Prevención de Enfermedades (CDC), la Organización Mundial de la Salud (OMS), la Academia Americana de Pediatría, la Asociación Médica Americana y los fabricantes de vacunas. Todos estos científicos son personas que han construido sus vidas y estilos de vida bajo la expectativa de que serán recompensados por apoyar y promover la creencia de que las vacunas son seguras y efectivas.

Están incentivados a respaldar hallazgos sesgados que beneficien la agenda de las corporaciones para las que trabajan. Corporaciones que sacrifican la verdad regularmente en interés de mantener sus propios objetivos y visiones. Es ahí cuando "la Ciencia" se corrompe. Es cuando deja de ser sobre la Ciencia y pasa a ser sobre los científicos y las máquinas para las que trabajan.

Por eso, cuando se trata de la salud y la vida misma de nuestros hijos, debemos volver a la Ciencia y dejar de poner nuestra confianza en estos científicos. Porque actualmente, la verdadera Ciencia no respalda la vacunación como una práctica que aumente la salud o el bienestar. De hecho, muestra lo contrario. Solo hay que rascar un poco la superficie para que todo empiece a revelarse.

Por ejemplo, todos los medicamentos que han sido retirados por la FDA fueron primero aprobados como "seguros y efectivos". Así que pensar que estas compañías farmacéuticas con fines de lucro tienen nuestro mejor interés en mente es la forma en que Satanás ha engañado a las masas. Apocalipsis 18:23 dice: "...*porque por tus hechicerías fueron engañadas todas las naciones*". En griego, la palabra "hechicerías" es pharmakeia, que puede significar brujería, artes mágicas o productos farmacéuticos. Así que, al menos, cuestionar e investigar debería ser el punto de partida.

La idea de cuestionar y examinar a las empresas y entidades más históricamente corruptas y fraudulentas del mundo no te convierte en "anti" nada. Tampoco te convierte en un teórico de la conspiración. En realidad, cuestionar es —y debería ser— el lugar de la razón. El hecho de que cuestionar se haya vuelto un tabú y a menudo se reciba con burla o desdén, en lugar de con un compromiso reflexivo, debería preocuparnos. Este cambio ha desalentado el diálogo abierto y el pensamiento crítico, reemplazando la curiosidad

162

por la conformidad. Pero cuestionar es la base de la razón. Desafía suposiciones, ayuda a revelar puntos ciegos y alimenta el progreso.

En lugar de silenciar las preguntas, deberíamos darles espacio. Porque la verdad no teme a la investigación, pero las mentiras siempre sí. Y el Padre de la Mentira, que es Satanás, quiere herir a Dios de cualquier forma y en toda oportunidad que pueda. Y seguirá haciéndolo a través de la medicina y las tecnologías médicas. Depende de nosotros cuestionar, investigar y usar discernimiento.

Capítulo 20 – La Tierra

"La Tierra es lo que todos tenemos en común." –
Wendell Berry

Se ha dicho que es más fácil engañar a una persona que convencerla de que ha sido engañada. El engaño sobre dónde vivimos realmente es profundo y está entrelazado con muchas otras cosas. El nivel de condicionamiento sobre este lugar que habitamos comienza a la edad más temprana y, mediante la repetición, se graba continuamente en el subconsciente.

Esto ha estado ocurriendo durante generaciones y ahora está en un punto en que la gente ni siquiera cuestiona la forma de la Tierra. Han sido tan profundamente condicionados por esta creencia que dejan de cuestionarla por completo. Con el tiempo, esta se ha convertido en su versión de la verdad, tan arraigada que cualquier desafío a ella se siente como un ataque. Irónicamente, cuanto más falsa o frágil es la creencia, más agresivamente se defiende. Si te atreves a cuestionarla, no solo estás equivocado a sus ojos, sino que eres un necio e incluso un peligro. Ese es el poder del condicionamiento colectivo: convierte mentiras en "sentido común" y la disidencia en herejía.

La parte más difícil de esta era que viene será para aquellos más educados, que tendrán que desaprender la mayor parte de lo que se les ha enseñado y hacer espacio para que la verdad real se asiente. No se tratará de aprender nuevas verdades, sino de desaprender las antiguas. Gran parte de lo que la gente cree en realidad ha sido transmitido, repetido y reforzado hasta que parece absoluto. Pero para ver con claridad y objetividad, deberán derribar esas paredes mentales y barreras invisibles sobre lo que creen. Y las paredes mentales nunca se construyen de la noche a la mañana. La mayoría ni siquiera sabe que las paredes están allí. Las han decorado, han hecho hogares dentro de ellas y lucharán con uñas y dientes para protegerlas. No porque las creencias sean verdaderas, sino porque esas paredes les parecen seguras. Una mentira repetida las suficientes veces se vuelve sagrada. Y cualquiera que la cuestione es ridiculizado. No porque esté equivocado, sino porque amenaza una ilusión cómoda. La verdad real necesita espacio para asentarse. Y ese espacio solo se abre cuando dejamos ir lo que nunca debió estar allí en primer lugar.

Si realmente no sabemos con certeza dónde vivimos y la forma de este lugar, entonces entran en juego todo tipo de otras preguntas. Preguntas como: ¿Estamos solos en el universo? ¿Hay vida en Marte? ¿Existen los extraterrestres? ¿Cuál es la verdadera edad de este lugar? ¿Cómo surgió la evolución? ¿Qué pasa con los dinosaurios? Y así sucesivamente. Así que, para aclarar todo de una vez, empezaré con esta verdad incómoda: la Tierra es plana, no rota (es estacionaria) y está cerrada por algún tipo de cúpula sólida conocida como el firmamento. Dentro del firmamento están el sol, la luna y las estrellas, todos los cuales se mueven en patrones predecibles en el cielo. Arriba y abajo hay aguas. Todo esto está en la Biblia, solo que lo pasamos por alto selectivamente.

En Génesis 1:6-7 se nos dice: *"Y dijo Dios: haya un firmamento en medio de las aguas, y separe las aguas de las aguas. E hizo Dios el firmamento, y separó las aguas que estaban debajo del firmamento de las aguas que estaban sobre el firmamento; y fue así."* Isaías 40:22 dice: *"Él está sentado sobre el círculo de la tierra, cuyos habitantes son como langostas; él extiende los cielos como una cortina, y los despliega como una tienda para morar."* Proverbios 8:27 declara: *"Cuando él formaba los cielos, allí estaba yo;*

cuando trazaba el círculo sobre la faz del abismo, y extendía el firmamento sobre él."

Aquí tienes la traducción literal al español del texto que me diste:

Zacarías 1:11 habla de que la Tierra es estacionaria. Dice: *"...y he aquí, toda la Tierra está reposada."* En esencia, la Tierra es un círculo (Isaías 40:22) hecho con un compás (Proverbios 8:27), puesto sobre un rostro (Génesis 1:2), que está delimitado (Job 26:10) en sus extremos (Job 38:13). No se mueve (Salmos 93:1) y está cubierta por una cúpula (Génesis 1:6-8), que contiene el sol, la luna y las estrellas (Génesis 1:14-18), las cuales giran alrededor de nosotros (Enoc 75:3-4).

Debe hacerse saber que la Biblia sí menciona que la Tierra tiene forma de círculo, pero es importante notar que un círculo no es una esfera. La Tierra, en esencia, es un plano horizontal, toroidal y energético, con un firmamento arriba como límite y la Antártida actuando como el perímetro, resguardando el borde de nuestro reino conocido.

La forma más fácil de describir la Tierra es mediante la semejanza con una bola de nieve de cristal. Una bola de nieve es un área plana y circular rodeada por un vidrio semicircular que encierra el entorno dentro de ella. De ahí obtenemos la palabra *hemisferio*, que literalmente significa "medio círculo". Así que la Tierra es redonda, pero no en forma de globo o esfera. Sí tiene una cúpula invisible en forma de bóveda que actúa como el vidrio de la bola de nieve.

La Biblia llama a esta cúpula el firmamento, y rodea la Tierra con la parte más alta de la cúpula en el centro, que es el Polo Norte. El muro de hielo antártico es lo que rodea y contiene todo, actuando como el perímetro. La descripción más precisa usando un mapa es el Mapa de Gleason porque básicamente muestra la forma verdadera de la Tierra. Irónicamente, este mapa también se usa como el logotipo de las Naciones Unidas.

Todas las culturas antiguas representaban el firmamento y la Tierra plana. Desde los griegos hasta los egipcios, los navajos, los babilonios, los japoneses, los persas e incluso los mayas: todos conocían la forma y la estructura de nuestro mundo.

Dicen que es gracias a la tecnología que ahora conocemos la verdadera forma. Pero *Universal Pictures* empezó a usar la imagen de una Tierra giratoria 30 años antes de que alguien la hubiera visto realmente. En ese momento, nadie había estado lo suficientemente alto como para obtener una perspectiva real de dónde vivíamos. Y ahí estaba: la esfera simbólica girando sobre un eje, repetidamente mostrada antes de cada película y programa. Estaban condicionando la mente, exponiéndola repetidamente a patrones específicos hasta que el reconocimiento se volviera automático.

En 1931, un hombre llamado Auguste Piccard viajó 51,000 pies en la atmósfera superior y fue de las primeras personas en ver cómo se veía realmente desde allí arriba. A su regreso, se le citó diciendo: *"La Tierra parecía un disco plano con los bordes levantados."* Se le reconoce como el primero en alcanzar esas alturas.

Dos años después, astronautas rusos llegaron a los 62,300 pies y dijeron que buscaban algún tipo de curvatura pero no pudieron encontrar ninguna. Así que, en este punto, los testimonios oculares no coincidían con la narrativa y el objetivo que tenían en mente. Pero persistieron en el entrenamiento y el condicionamiento de la sociedad.

Hacia 1947, el descubrimiento del muro de hielo en la Antártida llevó a lo que ahora se conoce como Operación High Jump. Esta fue dirigida por el almirante Richard Byrd en un intento de trazar los

169

bordes exteriores de nuestro mundo. Conocida como una de las mayores expediciones a la Antártida, participaron más de 13 barcos y 33 aeronaves, algunas de las cuales se perdieron al experimentar con los límites del firmamento.

En 1956, el descubrimiento del firmamento llevó a la Operación Deep Freeze. Oficialmente, los objetivos principales eran establecer una estación de investigación más permanente en la Antártida, proporcionar apoyo a los científicos que realizaban investigaciones allí y establecer cadenas de suministro confiables.

En 1958, se dispararon armas nucleares hacia la atmósfera superior para ver qué había allí y qué tan alta era realmente. Para entonces, era obvio que había un firmamento superior y exterior, que era autorreparable e impenetrable. Como resultado, se creó la Operación Paperclip, utilizando a la NASA y a científicos alemanes especializados en cohetes, aviación, guerra química/biológica y tecnología de misiles.

Hubo controversia porque muchos, si no todos, estos científicos alemanes eran miembros del partido nazi y trabajaron en armas utilizadas contra civiles. Pero esto fue rápidamente ignorado porque el fin justificaba los medios. Y ese fin era desarrollar tecnología para romper el firmamento. Muchos de estos científicos terminaron trabajando para la NASA.

Poco después se estableció el Tratado Antártico como una forma de proteger el firmamento y mantener lejos a ojos y oídos curiosos del área. Luego, unos años más tarde, estos mismos científicos junto con nuestro ejército fueron encargados de atacar el firmamento con bombas atómicas de gran altitud, en lo que comenzó como Operación Fishbowl y luego se llamó Operación Dominic. El objetivo era ver cuán impenetrable era realmente el firmamento.

Hoy en día, ese firmamento se mantiene como una verdad celosamente guardada entre las élites, porque saben que si el público general llegara a ser verdaderamente consciente, haría que la casa de naipes se derrumbara y el efecto dominó tendría consecuencias de gran alcance para toda la humanidad.

Cada vez que se menciona la Tierra plana, el pensamiento inmediato y automático es que es ridículo, risible e incluso cómico: *"Es tan obvio que la Tierra es redonda y que está girando."* Pero, ¿realmente es tan obvio? ¿O simplemente estamos luchando inconscientemente por las ideas con las que nuestros captores nos han condicionado? Experimentamos una Tierra plana. No experimentamos movimiento. Los horizontes siempre son planos, el agua siempre busca su nivel y toda la ingeniería humana no compensa la curvatura o la rotación. Pero la respuesta inconsciente de todos es: *"es obvio que el mundo es una esfera."*

Leí sobre un profesor que colocó un diagrama de un círculo rojo y un círculo azul en el tablero y luego preguntó a sus estudiantes cuál era más grande. Comenzó con la suposición de que, aunque pudiera parecer que los círculos eran del mismo tamaño, en realidad no lo eran. Uno era más grande que el otro y su tarea era descubrir cuál. En ese momento, algunos estudiantes comenzaron a decir que el rojo era más grande y otros decían que era el azul. Después de unos minutos de este debate, el profesor detuvo el ejercicio y dijo que los círculos eran realmente del mismo tamaño.

Estos estudiantes, antes de recibir cualquier información, creían que los círculos eran exactamente del mismo tamaño. Pero después de que se les dio la información de que eran diferentes, comenzaron a dudar de lo que sus ojos les decían. Se vieron obligados a traicionar sus instintos y lo que sus sentidos les indicaban por lo que la autoridad en ese momento —su profesor— les decía. Sus sentidos les hacían creer que los círculos eran iguales y todos pensaron eso al principio. Pero porque esta autoridad, este experto en el área, les dijo que en realidad no eran del mismo tamaño, aunque así lo parecieran, rápidamente traicionaron sus sentidos e instintos y rechazaron lo que su sentido común les decía. Así es exactamente como hemos llegado hasta aquí y cómo tantos han sido engañados y siguen siendo engañados.

La NASA y la astronomía moderna dicen que Polaris, la Estrella del Norte, está a una distancia de entre 323 y 434 años luz, o aproximadamente entre 1,938,000,000,000 y 2,604,000,000,000,000 millas, lo que representa una diferencia de 666,000,000,000,000 millas. No es por accidente que esta serie de 6's aparezca repetidamente en las matemáticas que componen la astronomía y la cosmología de nuestro mundo.

¿Y cómo es que esa misma estrella logra permanecer perfectamente alineada, justo encima del Polo Norte, a lo largo de los supuestos movimientos de inclinación, bamboleo, rotación y traslación de la Tierra?

Si la Tierra realmente estuviera girando a las velocidades que nos dicen, entonces cuando un helicóptero o un dron volara solo en trayectoria ascendente y luego se quedara flotando unos minutos, al volver a bajar aterrizaría en un lugar diferente. Eso tendría más sentido debido a la velocidad a la que supuestamente gira la Tierra. Pero la verdad es que no ocurre así. Estas aeronaves aterrizan exactamente en el mismo lugar desde el que despegaron.

Lo mismo pasa con un globo aerostático que asciende a grandes alturas en el cielo pero permanece amarrado al suelo. La rotación, inclinación y bamboleo a las velocidades que dicen crearía movimientos violentos y dramáticos, semejantes a girar en círculos mientras se sostiene un globo atado con un hilo. Cuando el globo tocara nuevamente el suelo, estaría en un lugar distinto de donde despegó. Y las personas que fueran en él tendrían un mareo extremo. Pero esto nunca se ve en la vida real porque esas velocidades que dicen que llevamos no están ocurriendo en tiempo real.

El humo en el aire es otro elemento que pone en duda las velocidades de la Tierra que afirman. Si hubiera un gran incendio en algún lugar y se viera una gran nube de humo a lo lejos proveniente de ese fuego, ¿por qué no sería más evidente la velocidad de rotación de la Tierra en esa nube de humo?

O incluso con un tren antiguo que quema carbón como combustible y expulsa humo por su escape mientras viaja. Aunque estos trenes se mueven a una velocidad mucho más lenta que la de la rotación de la Tierra, la pequeña nube de humo que dejan atrás muestra el movimiento del tren. A medida que la locomotora aumenta la velocidad, el humo se estira en largas cintas que quedan detrás, arrastradas por el viento y el movimiento del tren. Y eso porque el tren viaja a velocidades exponencialmente más lentas que las que nos dicen que tiene la Tierra.

Nos dicen que la gravedad es la razón por la que no podemos sentir que la Tierra gira a más de 1,000 mph. Y que ese poder invisible y mágico llamado gravedad es lo que mantiene los billones de galones de agua oceánica que están en la parte "inferior" de la Tierra sin derramarse hacia el espacio exterior. Pero esa misma gravedad es lo suficientemente débil como para permitir que un insecto o un ave vuelen libremente.

Y quizás lo más curioso de todo, después de siglos de estudio, la gravedad sigue siendo, técnicamente, solo una teoría. No porque no esté probada, sino porque todavía no entendemos completamente por qué funciona como lo hace o si es siquiera la verdadera razón de por qué las cosas son como son.

La Tierra supuestamente está inclinada sobre su eje a 23.4 grados. Justo ocurre que los ángulos rectos son de 90 grados. Y si restas 23.4 grados de 90.0 grados, obtienes 66.6 grados. Las matemáticas cosmológicas globo-céntricas otra vez, restregando ese número en nuestras caras.

La NASA es la principal autoridad en exploración espacial, pero cuando uno busca lo que "NASA" significa en hebreo, encuentra que significa "engañar". Luego damos un paso más y miramos el logotipo de la NASA y vemos que hay una lengua de serpiente en rojo, claramente en el fondo. Génesis 3:13 pregunta a Eva qué ha hecho y ella dijo: *"La serpiente me engañó, y comí."*

Y cuando vemos quién fundó la NASA, Wernher von Braun, descubrimos que en su lápida hay una cita del Salmo 19:1. Dice: *"Los cielos cuentan la gloria de Dios y el firmamento anuncia la obra de sus manos."* Es como si, incluso desde su tumba, la burla hacia nuestra ignorancia continuara, sin obstáculos. Ellos saben que la Tierra es plana y que hay un firmamento. Simplemente no quieren que nosotros lo sepamos.

Todas las imágenes de la NASA están retocadas o generadas por computadora. Cualquier video de la Estación Espacial Internacional flotando sobre la Tierra es falso. Como podrás imaginar, 17,500 mph es bastante rápido, y a esas velocidades sería difícil capturar imágenes de calidad. Además, toda la "basura espacial" y los satélites harían difícil maniobrar para evitar colisiones. De hecho, cada vez que nos muestran una imagen desde el espacio, nunca hay estrellas ni satélites en el fondo. Pero como estamos tan fascinados con las imágenes en sí, nunca prestamos atención a los otros detalles. Detalles que desacreditarían esa imagen como falsa o retocada.

En 1972, se tomó la foto más famosa de la Tierra, conocida como *"La Canica Azul"*. Apareció en documentales, portadas de álbumes, camisetas, pegatinas, carteles y anuncios. Se dijo que era una fotografía de la Tierra tomada desde 18,000 millas sobre la superficie del planeta. Pero si vas a Nasa.gov y escribes Robert Simmon, alias Mr. Blue Marble, te dirá cómo se creó realmente esta imagen CGI. Empiezan diciendo que tomaron la foto desde la órbita terrestre baja. Luego dicen que

177

lo más difícil fue crear un mapa plano de la superficie con cuatro meses de datos satelitales. Después envolvieron ese mapa plano alrededor de una esfera y nos dieron una de las "fotos" más icónicas jamás creadas.

Otros dos artistas, Robert Hurt y Tim Pyle, están detrás de algunas de las imágenes espaciales más icónicas de la NASA. Robert Hurt, un astrofísico convertido en artista, y Tim Pyle, antes cineasta en Hollywood y ahora ilustrador de planetas, trabajaron juntos para producir algunas de las fotos y videos más populares de la NASA. Desde representaciones de cómo podrían verse planetas a años luz de distancia, hasta fotos reales de estrellas y galaxias capturadas por telescopios de la NASA, ellos toman estas ideas e imágenes granuladas y las transforman en el arte que nos muestran los medios.

Para ellos, todo se trata de cómo podrían verse las partes más profundas del espacio. Juegan con el color, la luz y la creatividad para crear imágenes visualmente impresionantes y realistas por naturaleza. Pero realista no siempre significa real. Es importante que hagamos esa distinción.

La NASA tiene un presupuesto de más de 22 mil millones de dólares al año. Eso es más que la mayoría de los estudios cinematográficos de Hollywood, y esos estudios pueden producir escenas muy hiperrealistas que muestran cómo podría ser el espacio. Y si pueden hacer eso en Hollywood con películas, imagina lo que la NASA puede hacer con un presupuesto mucho mayor.

Y si realmente quisieran acabar con los rumores y disipar cualquier duda persistente, todo lo que la NASA tendría que hacer es mostrar una transmisión en vivo desde el espacio. Esa transmisión podría mostrar actividades cotidianas y la vida sucediendo al revés y de lado en el globo. Se nos mostraría video en vivo de barcos y aviones viajando al revés en la parte inferior del globo junto con transmisiones en vivo que mostrarían barcos y aviones viajando en posición vertical en la parte superior. Y el hecho de que todo fuera capturado en vivo y en tiempo real acabaría con cualquier duda sobre este lugar que todos habitamos.

Las enciclopedias anteriores a 1958 describen la forma de la Tierra como redonda, plana, estacionaria y con bordes elevados. También describen un firmamento que rodea la Tierra. Sin embargo, todas las enciclopedias después de 1958 ya no la describen así. Esto plantea la pregunta: ¿qué pasó después de 1958 para que estos materiales educativos ya no describieran este lugar como lo hacían antes?

Neil deGrasse Tyson, uno de los defensores más influyentes del modelo de globo, afirma que la Tierra es en realidad con forma de pera y que tiene una característica oscilación. Esa oscilación, según él, es evidente desde "el espacio". Irónicamente, esa oscilación no puede verse mediante imágenes de gran altitud ni sentirse con ninguno de nuestros sentidos. Pero debemos confiar en el experto en que está ahí, incluso si toda la evidencia apunta a lo contrario.

Confiar en los expertos es lo que hizo que nuestros padres y abuelos creyeran que el presidente Nixon recibió una llamada telefónica en una línea fija de parte de los astronautas en la luna, a 238,000 millas de distancia, y todo fue transmitido en vivo por televisión. Hay algunos problemas con ese escenario. Número 1: fue una línea fija en 1969 desde la que se hizo la llamada. Número 2: el hecho de que la Luna es un luminar, lo que significa que emite su propia luz y no es algo en lo que podamos simplemente aterrizar. Y número 3: si todo esto fuera realmente cierto, ¿por qué no hemos podido volver a la luna desde entonces?

Nos dicen que perdieron la tecnología que nos permitiría llegar allí. Incluso afirman que no es rentable hacer un viaje así, a pesar de que su presupuesto es de miles de millones. Y uno podría incluso decir que un viaje a la luna podría ser una forma de disipar cualquier afirmación o teoría falsa y lograr rápidamente que más personas acepten esta idea del "espacio". Eso, en sí mismo, probaría su viabilidad económica y demostraría a todos los escépticos que realmente vivimos en un globo.

Las grabaciones en cámara rápida de cohetes que supuestamente van al espacio muestran una trayectoria que no coincide con que realmente estén yendo al espacio. El cohete o nave siempre comienza disparándose directamente hacia el cielo, pero después de un rato, la trayectoria comienza a curvarse. Esa curva eventualmente se vuelve horizontal con respecto al suelo antes de desaparecer de la vista. Si realmente intentaran alcanzar algo como el espacio, volarían recto hacia arriba y mantendrían esa trayectoria. Pero entonces el firmamento sería tan obvio para el público general que no podrían negarlo. Especialmente porque siempre hay tantos ojos y atención mediática en los lanzamientos de transbordadores y cohetes.

Nos dicen que la razón por la que las trayectorias parecen así tiene que ver con la atmósfera y la forma de la Tierra. Pero nuestro sentido de la vista no puede ser tan fácilmente engañado, aunque nuestra capacidad de razonamiento sí pueda. Si empezamos a prestar atención a todos los lanzamientos, la verdad se vuelve muy clara. Especialmente por la forma en que constantemente cambian los ángulos de las cámaras en momentos clave para dar la ilusión de un viaje al espacio.

Según la Ciencia, el espacio exterior es un vasto vacío, casi carente de materia, donde no hay aire, el sonido no puede viajar y las temperaturas extremas reinan sin control de la atmósfera. Las fallas de esto son demasiadas para enumerarlas, pero lo obvio es que no puede haber presión de aire sin un contenedor. Y no se puede tener un vacío junto a presión de aire sin una barrera entre ellos.

El firmamento es real porque tenemos presión de aire aquí en la Tierra, por lo tanto debe haber un contenedor. El único ejemplo donde esta ley no funciona es en la atmósfera terrestre, porque demuestra presión de aire sin la presencia de un contenedor. Este modelo heliocéntrico es el único lugar donde, convenientemente, las leyes de la

Ciencia no aplican. Pero según ellos, es totalmente normal.

Según más Ciencia, la corteza terrestre, que es la capa más externa de la Tierra, tiene supuestamente 132,000 pies de profundidad o alrededor de 25 millas. El Manto es la siguiente capa y tiene 9.5 millones de pies de profundidad. El Núcleo, que es el centro de la Tierra, es la siguiente capa. Estas 3 capas interactúan para dar forma a la geología de la Tierra, incluyendo la tectónica de placas, la actividad volcánica y el campo magnético. Entonces la pregunta es, ¿cómo saben siquiera sobre las diferentes capas de la Tierra, si el agujero más profundo jamás perforado tiene un poco más de 40,000 pies de profundidad? Eso ni siquiera atraviesa la primera capa, pero los científicos quieren que creamos que saben todo sobre las demás capas.

También quieren que creamos que el centro de la Tierra es extremadamente caliente, porque es lava pura, que es fuego líquido. Pero entonces, ¿por qué el fondo del océano es extremadamente frío? En teoría, si te estás acercando a la fuente de calor, que es el centro de la Tierra, cuanto más profundo vayas en el océano, más caliente debería estar el agua. Estos son solo más ejemplos donde las leyes de la Ciencia convenientemente no aplican.

Numerosos artículos y estudios publicados también proporcionan evidencia convincente que refuta la narrativa convencional. Estos trabajos exploran las inconsistencias científicas del modelo de globo, apuntando a una Tierra fija e inmóvil. Por ejemplo, un artículo titulado *"Deviation and Definition of a Linear Aircraft Model"* habla sobre una aeronave de masa constante volando sobre una Tierra plana y no rotatoria. Otro artículo escrito en el Manual Técnico de la NASA titulado *"Beacon Position & Altitude Navigation Aided by a Magnetometer"* habla sobre "...volar sobre una Tierra plana y no rotatoria" y "...con una suposición de Tierra plana". Otro artículo titulado *"Propagation of Electromagnetic Fields over a Flat Earth"* y *"Closed-Form Solution for Ballistic Vehicle Motion"* también afirman la forma de la Tierra en sus estudios científicos.

Frases que se usan constantemente en estos estudios, entre muchas otras, son "sistema de coordenadas fijo a la Tierra", "control óptimo de arco singular" y "sistema de ejes fijo a la Tierra". Todas asumen lo mismo: una Tierra plana y no rotatoria. Todos estos estudios involucran principios de ingeniería que no contemplan ni compensan curvatura o rotación.

Pilotos, capitanes de barcos, ingenieros y técnicos de radar conocen esta verdad fundamental. Para que puedan hacer su trabajo de manera efectiva y eficiente, necesitan entender que la Tierra es plana y estacionaria. Con solo hacer una búsqueda en línea de estos artículos publicados, puedes empezar a ver cómo es la madriguera y qué tan profunda va. Pero ten en cuenta que los motores de búsqueda convencionales suelen hacer un buen trabajo filtrando información y controlando el acceso para mantener vivos los velos del engaño. Intentarán oscurecer y enturbiar los resultados para que la información genuina permanezca oculta o al menos confusa. El truco es usar un motor de búsqueda diferente.

Instrumentos como el giroscopio, un periscopio, una brújula, un reloj de sol, un astrolabio y un planisferio solo funcionan en una Tierra plana y no rotatoria. No podrían funcionar si la Tierra realmente estuviera girando a las velocidades que nos dicen, que son más de 1,000 mph. Investigadores también han usado una cámara en un trípode fijo para grabar el cielo nocturno durante meses. Lo que muestran las grabaciones es un cielo nocturno que gira alrededor de nosotros. Son las estrellas en el cielo las que se mueven, no la Tierra.

Las constelaciones, que son patrones que las estrellas crean en el cielo, también se ven girando alrededor de nosotros a través de ese sistema de cámara fija. Si fuéramos esta roca espacial girando y volando por el espacio como nos dicen, no veríamos estos mismos patrones estelares, ni la Estrella del Norte estaría en la misma posición temporada tras temporada.

Los modelos de Tierra plana más difundidos a menudo se usan para distraer o desacreditar verdades cosmológicas más profundas. Es una operación psicológica sobre la Tierra plana lanzada intencionalmente, que mezcla modelos incoherentes como un panqueque flotando en el espacio y los vincula al fundamentalismo religioso para que parezca absurdo y ridículo. Es una versión diseñada para burlarse de quienes buscan la verdad y redirigir la energía hacia debates infructuosos.

Parte del adoctrinamiento para hacernos creer que habitamos esta roca espacial por casualidad consistía en llevarnos a adoptar una visión del mundo sin fundamento cristiano. Muchas películas y caricaturas intentaron condicionarnos acerca de otras galaxias y planetas. Querían que creyéramos que la Tierra era una esfera que volaba por el vacío del espacio. Lo hicieron de forma tan estratégica y limpia que la gente dejó de cuestionar si el espacio era real y simplemente asumió que, si hay vida en este planeta, entonces debe haber vida en otros también. Pero ni Dios ni la Biblia aparecen en ninguna de esas teorías.

La historia nos enseña que el opresor siempre entrenó a unos pocos de nosotros para desorientar al resto. Y eso es todo lo que el modelo de globo y esta idea del espacio exterior están diseñados para hacer: desorientar y desviar para que nos alejemos de la verdad. La verdad de que Dios creó este lugar que habitamos y diseñó cuidadosamente los sistemas que hay en él para que fuera un sistema autosuficiente y autorregenerativo que pudiera resistir la prueba del tiempo. Y si Él creó este lugar con tanto pensamiento y anticipación, imagina el esfuerzo que puso en crearnos a nosotros.

La verdad sobre dónde vivimos, este lugar que ocupamos, es de máxima importancia. Una vez que nos damos cuenta de la magnitud del engaño sobre este lugar donde vivimos, empezamos a ver todas las demás mentiras derrumbarse ante nuestros ojos. Porque es la mentira más fundamental y sostiene a muchas otras mentiras unidas. El engaño sobre dónde estamos, qué estamos haciendo aquí, la Tierra bajo nuestros pies, las luces en el cielo sobre nosotros e incluso la verdadera edad de este lugar revelan cómo Satanás ha infiltrado la educación, la Ciencia e incluso la historia para sacar a Dios de la ecuación.

Si nos han mentido sobre todo esto, piensa en qué otras cosas comienzan a desmoronarse por sí solas cuando se levanta el velo. Todo, desde la teoría del Big Bang hasta la evolución, se derrumba bajo el peso de la forma y el origen de la Tierra. La forma en que comenzó la vida, los sistemas en funcionamiento, cómo operan las estaciones e incluso nuestro propósito mientras estamos aquí, todo esto está ordenado por Dios.

Así que, cuando miras el potencial de una verdad como esta, una verdad que ha sido suprimida por más de 500 años, si llegara a salir y se revelara que todos los gobiernos, todas las universidades, todos los comentaristas y todos los canales de televisión han estado mintiendo y censurando esta verdad, la confianza en estas instituciones se desintegraría casi al instante. La reestructuración de la sociedad y del sistema comenzaría en la mente de muchos y haría que la matriz comenzara a resquebrajarse.

Porque, más que nada, descubrimos que no somos tan insignificantes como nos han hecho creer. Descubrimos que fuimos creados a propósito, con un propósito y para un propósito. Y que no somos simplemente un producto de la evolución, o de la coincidencia, o del azar. Descubrimos que, aunque intentaron ocultarnos a Dios, Lucas 8:17 nos dice que *"...no hay nada oculto que no haya de ser manifestado, ni escondido que no haya de ser conocido y salir a la luz."* Confía en Dios y estudia tu Biblia. Ahí está todo.

Capítulo 21 – Aliens

"Los alienígenas son el mito perfecto: el misterio suficiente para creer en ellos y el silencio suficiente para nunca probarlo." – Autor desconocido

Viene un poderoso engaño para aquellos que no han leído ni estudiado su Biblia. 2 Tesalonicenses 2:9-12 habla de cómo Satanás usará todo tipo de manifestaciones de poder mediante señales y prodigios que sirven a la mentira. Esa mentira girará en torno a la idea de los alienígenas y los OVNIs/UAPs.

La Biblia menciona criaturas que se asemejan a ranas en Apocalipsis 16:13-14 como parte de una visión que tuvo Juan, el autor del libro de Apocalipsis. Estos seres "parecidos a ranas" son simbólicos y se describen así: *"Y vi salir de la boca del dragón, de la boca de la bestia y de la boca del falso profeta tres espíritus inmundos a manera de ranas; pues son espíritus de demonios, que hacen señales, y van a los reyes de la tierra en todo el mundo, para reunirlos a la batalla de aquel gran día del Dios Todopoderoso."* (Apocalipsis 16:13-14, RVR1960).

Estas criaturas son lo que todos, incluidos los medios de comunicación, llamarán alienígenas cuando ocurra la gran revelación. Durante ese tiempo, sobrevendrá un gran engaño. Aunque las ranas son anfibios, se asemejan mucho a lo que conocemos como reptiles, y muchos creen que así lucen estos demonios en su forma física. Y muchos creen que esa es la razón por la que se producen películas y series que retratan a los alienígenas de la forma en que lo hacen. Nos han estado preparando para esta revelación eventual: preprogramándonos o precondicionándonos para que, cuando finalmente ocurra, la gente esté convencida de que se trata de seres extraterrestres de otro planeta. Y esa será su "confirmación" de que "sabían" todo el tiempo que no estaban solos en el universo.

El Área 51, los fenómenos inexplicables en el cielo e incluso películas basadas en "hechos reales" han estado entrenando a las masas para aceptar fácilmente estas "verdades" cuando se hagan públicas oficialmente.

Pero estos "alienígenas" no son de otro planeta. Son parte del tercio de los ángeles que se convirtieron en demonios cuando siguieron a Satanás y desafiaron a Dios. Han estado trabajando, moviéndose entre las sombras por orden de Satanás desde su caída del Cielo. Y como han estado aquí por tanto tiempo, poseen gran conocimiento y un entendimiento aún mayor del comportamiento humano, la psicología, la física y la ingeniería. Su tecnología será mucho más avanzada de lo que podamos imaginar y puede que incluso parezca magia. Tendrán aeronaves que parecen desafiar la física y que se asemejarán a lo que nos han enseñado que son los OVNIs y UAPs. Y como se les conoce por ser seres interdimensionales, parecerán aparecer y desaparecer a voluntad. Pero no debemos dejarnos engañar, porque son simples trucos y no se comparan con el verdadero poder del único y verdadero Dios.

Su objetivo siempre ha sido y siempre será corromper a la humanidad y, a su vez, tratar de herir a Dios. Lo harán mediante el engaño, el control y la separación de la verdad. Satanás y sus demonios viven bajo esta estrategia: si te dicen por adelantado lo que va a ocurrir, sienten que quedan libres de las consecuencias espirituales. De esta forma, creen que no hay represalia kármica de su parte, porque ya nos "advirtieron".

Nos lo dicen a través de películas, programas y caricaturas. Nos muestran cómo podrían ser los alienígenas y la tecnología que son capaces de producir. Incluso presagian y predicen eventos mucho antes de que la idea de que ocurran sea siquiera una posibilidad. Esto demuestra la estrategia que Satanás y estas entidades demoníacas están empleando. Es un juego a largo plazo que lleva tiempo en marcha. Pero estamos entrando en el último tramo, por lo que las tácticas se han intensificado y su descaro ha aumentado dramáticamente.

Hasta ahora, estos demonios han estado trabajando en las sombras, pero harán su aparición formal y ampliamente conocida en torno al tiempo del Rapto o cerca del fin de los tiempos. Algunos creen que intentarán convencer a las masas de que ellos fueron quienes se llevaron a todas las personas que fueron raptadas. El pánico inundará las calles, el delirio y la histeria se apoderarán de las redes sociales, y tanto creyentes como no creyentes cuestionarán todo. Ese es el punto: crear confusión y duda. Duda en Dios, incertidumbre sobre el propósito, confusión sobre todo lo que se ha enseñado.

En ese momento se introducirá a alguien que supuestamente podrá ayudar al resto de las personas que quedaron atrás. Esta entidad será el

Anticristo en forma humana, y durante tres años y medio, sus políticas parecerán positivas, esperanzadoras y de apoyo para todos. Habrá paz y prosperidad como nunca antes. Sin embargo, la segunda parte de su reinado, los segundos tres años y medio, será una historia muy diferente.

Durante ese tiempo se adoptará una religión mundial única, así como una moneda única. La marca de la bestia será implementada, aunque bajo otro nombre. La idea será que solo quienes la tengan podrán comprar o vender cualquier cosa: comida, comestibles, gasolina, agua; todo estará sujeto a este novedoso sistema de pago. Cualquiera que se niegue a aceptar la marca será usado como ejemplo. Será durante este tiempo cuando la persecución contra los cristianos que quedaron atrás será más dura y difícil. Y cualquiera que acepte la marca perderá su lugar en el cielo y será condenado a la separación eterna de Dios y al castigo eterno junto a Satanás.

Este reinado de 7 años por el Anticristo culminará con una gran guerra donde ángeles celestiales lucharán contra Satanás y sus demonios. La Biblia profetiza todo esto y uno puede obtener una imagen más clara leyendo los libros de Daniel, Ezequiel, Isaías, Zacarías, Tesalonicenses y

Apocalipsis. Pero el punto principal es que Satanás intentará usar a los "alienígenas" como forma de explicar el Rapto y de negar la existencia de Dios.

Si logran que dudemos de la existencia de Dios — por eso la idea de la "Tierra esférica flotando en el espacio" se impulsa tan agresivamente— entonces podrán hacernos prácticamente cualquier cosa, incluso si va contra los principios bíblicos. Pero para quienes han permanecido en la Palabra, no los tomará por sorpresa, porque saben cómo empieza la historia y cómo termina.

El uso de láseres y proyecciones holográficas será otra forma de provocar pánico masivo, confusión y cuestionamiento de las creencias. En sus primeras etapas, estos láseres y hologramas se han usado para simular escenarios como una ballena flotando en el cielo como si nadara en el océano, o un enorme fénix volando sobre una multitud. Estas tecnologías ya se utilizan en deportes profesionales, conciertos e incluso en Times Square en Nueva York. Ahora, las empresas usan esta tecnología para anunciarse de la misma manera en que antes se usaban vallas publicitarias. Pero la sofisticación de estas tecnologías ha ido aumentando exponencialmente, y ahora incluso se están añadiendo drones para aportar una experiencia más realista.

Con esta tecnología, se puede simular una falsa invasión alienígena, un regreso mesiánico o algún tipo de fenómeno que cambie el mundo, haciéndolo parecer que ocurre en tiempo real. Este evento global falso podría usarse para unificar al mundo bajo un único régimen autoritario, facilitando el cumplimiento de la profecía bíblica sin llamarla así.

En tal escenario, el miedo y la confusión masivos podrían crearse mediante una exhibición coordinada de proyecciones holográficas, visibles en todo el mundo y que se verían hiperrealistas. Un fenómeno celestial gigante, falsos íconos religiosos o naves "de otro mundo" podrían convencer a la gente de que se está desarrollando un evento sobrenatural o extraterrestre. Combinado con noticias manipuladas, transmisiones de emergencia y operaciones psicológicas, la gente podría ser llevada a la confusión, al miedo y a la sumisión, aceptando potencialmente el control global por desesperación en busca de seguridad y orden. Con esto en marcha, el Anticristo, la marca de la bestia y cualquier otro requisito extremo serían más fácilmente aceptados por la mayoría. En ese punto, la profecía estaría en pleno desarrollo y el Armagedón estaría pronto a llegar.

Esta idea sobre alienígenas y criaturas de otro planeta va de la mano con el modelo del globo y elimina a Dios de la ecuación. A lo largo de los años, hemos sido sutil y persistentemente condicionados a creer en la existencia de alienígenas mediante un flujo constante de caricaturas infantiles, películas de ciencia ficción, novelas y medios masivos.

Desde pequeños marcianos verdes en programas matutinos de sábado hasta encuentros dramáticos con extraterrestres en superproducciones, estas representaciones han tejido la idea de vida alienígena en nuestra imaginación cultural. Incluso libros y reportajes han difuminado la línea entre la ficción y la posibilidad, reforzando la narrativa de que la vida extraterrestre no solo es real, sino inminente. Como resultado, la creencia en extraterrestres ha pasado de ser una especulación marginal a una curiosidad generalizada.

Pero como dice **Santiago 1:16**: *"No se dejen engañar, mis amados hermanos."* El discernimiento y la confianza en Dios serán fundamentales en los tiempos por venir. Porque no existe tal cosa como los alienígenas ni hay otros planetas más allá de nuestra galaxia de donde provengan. Son ángeles caídos que conocemos como demonios. Y su enemistad hacia Dios los llevará a una misión para herirlo a Él y a su pueblo de cualquier manera posible.

Ante este creciente engaño y confusión espiritual, estamos llamados a mantenernos firmes en nuestra fe, anclados en la verdad e inquebrantables en nuestra convicción. El enemigo puede disfrazarse mediante señales, prodigios e incluso la ilusión de vida alienígena, pero no estamos sin guía ni defensa. Aferrándonos a la Palabra de Dios y caminando en la luz de Cristo, podemos resistir las artimañas de estas fuerzas demoníacas y soportar las pruebas venideras con valentía y claridad. Ahora más que nunca, nuestra fortaleza debe estar arraigada en la fe, no en el miedo.

Conclusión

"He peleado la buena batalla, he acabado la carrera, he guardado la fe." – 2 Timoteo 4:7

El número de ángeles caídos que descendieron con Satanás no ha cambiado ni se ha multiplicado. Sigue siendo el mismo que en la caída inicial. Por eso, Satanás debe ser muy astuto y sagaz para crear un sistema mediante el cual pueda multiplicar la oscuridad y hacer parecer que es omnipotente. No necesita atacar a cada generación. Solo necesita programar a la primera generación para que crea ciertas cosas y, luego, esas creencias se transmiten.

Estas creencias limitantes están diseñadas para ahogar las promesas que la Palabra de Dios nos da. Así, cuando una generación acepta una mentalidad de cautiverio, enseñan a la siguiente generación y, para la tercera o cuarta, nadie se molesta en cuestionarlo porque ahora es cultura y se ha convertido en la nueva norma. Así es como Satanás mantiene el statu quo.

Hay una batalla por el potencial que se libra contra nuestros hijos. Cuando Satanás fue expulsado del cielo junto con un tercio de los ángeles, sabía que su decisión tendría efectos y consecuencias eternas. No habría vuelta atrás. La redención de la sangre de Jesucristo no lo cubre y nunca se le permitirá regresar. Por eso existe un odio que no podemos comprender de parte de Satanás hacia nuestros hijos. Aunque tropiecen, aunque caigan, aunque se aparten como el hijo pródigo, cuando decidan volver al Señor, habrá un manto y un anillo esperándolos. Tu hijo será adoptado en el Reino de los Cielos y Satanás jamás podrá tenerlo. Cristo no murió por Satanás y la sangre de Cristo no lo cubre a él ni a sus seguidores.

Por eso hay un odio intenso hacia la descendencia y una enemistad inmensa contra Dios. Odio de que nuestros hijos e hijas puedan elegir a Jesús y ser adoptados de nuevo en la mesa en la que una vez se sentó Lucifer. Esa es la razón por la que Satanás nos ha estado atacando a través de nuestros hijos y mediante agendas que los tienen como objetivo desde hace tiempo. Ya sea un calendario de vacunas diseñado para contaminar el templo que es nuestro cuerpo, una agenda centrada en sacar a Dios y los principios bíblicos de la ecuación, o el control de la información presentando la mentira como verdad y la verdad como mentira, Satanás ha estado atacando, implacable y despiadado.

Ahora más que nunca, es importante: *"Someteos, pues, a Dios; resistid al diablo, y huirá de vosotros"*. Esto significa que no puedes resistir al diablo si no te sometes a Dios. Romanos 12:1 dice: *"Os ruego, pues, hermanos, por las misericordias de Dios, que presentéis vuestros cuerpos en sacrificio vivo."* Nuestros cuerpos quieren controlarnos y, al mismo tiempo, destruirnos. Nuestra carne es suicida en ese sentido porque ama hacer lo que nos hace daño y odia hacer lo que nos conviene.

La naturaleza de nuestra carne es pecaminosa, perezosa y glotona. Por eso debemos someterla. Debemos verlo así: porque la soberanía de Dios es suprema, debemos presentar nuestros cuerpos como sacrificio vivo. Esto se asemeja a lo que se conoce como una ofrenda quemada continua, que es una imagen de un sacrificio total. La ofrenda quemada significa que todo se consume para Dios. No queda nada, por lo que yo no recibo nada. Esa es la imagen del sacrificio: dejar ir algo de naturaleza inferior para tomar algo de naturaleza superior.

Lo bueno es el mayor enemigo de lo excelente, y por eso muchos se quedan atrapados en lo bueno, lo aceptable, lo "no tan malo". Pero le debemos a nuestro Creador, nuestro Dios, nuestro Señor, esforzarnos por lo excelente. Porque nunca se trata de las metas que alcanzamos, sino de la persona en la que nos convertimos al perseguir esas metas. Hay poder en la persecución de la excelencia.

Las filosofías de la Nueva Era hablan de vivir una vida espiritual y han mezclado un sinfín de religiones en una vieja idea sobre el amor, la luz, la energía y los chakras. Aunque hay fragmentos de verdad esparcidos, ¿dónde está Dios y dónde está Jesús en eso? No se trata tanto de buscar una vida espiritual, sino de vivir una vida llena del Espíritu: una vida llena del Espíritu Santo y guiada por principios bíblicos.

Hoy hay mucha confusión, que alimenta una espiritualidad vaga, el deconstruccionismo, el cristianismo progresista, el "wokismo", los "cristianos BLM" y los pastores de la bandera arcoíris, haciendo que parezca que eso es lo que debería ser el cristianismo. Pero solo necesitamos volver a la Biblia y a los estándares que ahí se establecen. Jesús amó al pecador pero odió el pecado. Siempre que Jesús sanaba a alguien, después le decía: *"Vete y no peques más"*. No podemos vivir en pecado sin arrepentimiento y profesar ser salvos, justificándonos diciendo que Dios nos ama tal como somos.

Los principios de la Biblia son claros y coherentes. No son las partes seleccionadas que se alinean con una narrativa o una agenda para la sociedad. Y el globalismo no es una meta que los cristianos deban buscar. Porque en un sistema globalizado, aumenta la presión para que todas las religiones sean tratadas como caminos iguales o se mezclen en un sistema universal de creencias.

Y la Biblia nos dice que Jesús es el camino, la verdad y la vida. Nadie va al Padre sino por Él. El globalismo impulsa la "tolerancia" que, en realidad, se convierte en intolerancia hacia esta exclusividad bíblica. Y, al final, preparará el escenario para el "gobierno mundial único" y la religión mundial única advertidos en Apocalipsis. En esencia, todos los caminos conducen a la profecía, y la profecía está en la Biblia.

Es importante notar que las mismas personas que promueven el ateísmo sí creen en Dios. Realizan rituales, en privado o en público, para contrarrestar a Dios, todo con el fin de exaltar al diablo. Y como son celebridades y atletas de la cultura popular, lo hacen de forma que parece una moda inofensiva. Pero saben que Dios existe; simplemente no quieren que los demás lo sepan. Porque si esa verdad se volviera evidente de forma abrumadora, todos empezarían a pensar y actuar desde una perspectiva bíblica. El pecado que antes se glorificaba cesaría casi de inmediato, y Satanás perdería su terreno para siempre. Isaías 45:23, Romanos 14:11 y Filipenses 2:10-11 mencionan cómo *"toda rodilla se doblará y toda lengua confesará"* a Dios. Es solo cuestión de tiempo antes de que el mundo descubra quién es el verdadero y único Dios.

Las tácticas de Satanás son simples: hará que el pecado parezca normal y que la justicia parezca extraña. Dios nos llama a no ser guiados por la emoción, sino por la disciplina. Ser guiados por elección. Es más difícil, pero también mejor. Es aprender a caminar por fe y desatender las inclinaciones carnales.

El diablo vendrá a nuestras vidas para acusarnos con todo tipo de mentiras. Nos dirá que ya no somos quienes éramos, que somos una sombra de nuestro pasado o que nuestro pasado nos impedirá estar bien con Dios. Todas son mentiras para disminuir nuestra capacidad de mejorar. Debemos recordar que estamos cubiertos por la misma sangre que nos hizo justos, que nos salvó y que fue sacrificada por nuestro pecado. Lo que Jesús hizo en la cruz no puede ser disminuido por las mentiras y engaños de Satanás.

El diablo no se nos presenta con rostro rojo, cola puntiaguda, cuernos y un tridente. Viene disfrazado como todo lo que siempre hemos querido. Satanás y sus demonios nos analizan desde hace tiempo. Actúan como espíritus vigilantes, observando nuestras debilidades y fortalezas. Escuchan nuestras conversaciones y lo que decimos en momentos de frustración, debilidad o desesperación. Luego actúan sobre esa información y siguen atacando esa misma debilidad una y otra vez.

Debemos ser conscientes de cómo explotan esas debilidades y luego alabar a Dios, porque los demonios odian que alabemos a Dios. La alabanza libera una fragancia celestial, un aroma que ahuyenta a los demonios. El rey David, en el libro de los Salmos, habló de cómo su alabanza era como incienso ante el Señor (Salmo 141:2). La fragancia de la alabanza aterroriza a los demonios. Muchas personas que enfrentan ataques espirituales deberían preguntarse: ¿han alabado a Dios en medio de ellos?

No adoramos solo para que el ataque desaparezca. Debemos hacerlo de manera tan constante que se convierta en nuestro estilo de vida. La adoración es nuestra arma, y los demonios odian la alabanza más de lo que disfrutan atacarnos.

Vivimos en un tiempo en el que, al principio, el mal simplemente se pasa por alto y, con el tiempo, se permite. Después, se legaliza y muchos lo promueven. Luego se celebra, y cualquiera que aún lo llame mal es perseguido. Isaías 5:20 dice: *"Ay de los que a lo malo dicen bueno, y a lo bueno malo."* Es vital recibir discernimiento del Espíritu Santo a diario porque los peones de Satanás han estado trabajando duro para cambiar etiquetas y distorsionar verdades.

Quieren que creamos que el aborto y el asesinato de bebés es un derecho de la mujer a elegir porque es "su cuerpo, su elección". La homosexualidad, que según las Escrituras es una abominación, ahora se etiqueta como orgullo y se celebra con una bandera arcoíris. Las adicciones se etiquetan como enfermedades con predisposición genética. La fornicación es solo sexo casual, la idolatría es solo veneración y la lujuria es solo admiración.

Pero tenemos que empezar a ver las cosas como son y no como quisiéramos que fueran. Porque la sociedad puede hacernos pensar fácilmente que lo que está mal está bien y lo que está bien está mal.

Puede llevarnos a racionalizar conductas y acciones malas. Pero no fuimos llamados a trivializar el pecado. Fuimos llamados a arrepentirnos de él y a "no pecar más", como Jesús les dijo a muchos de los que sanó.

Jesús no comía con pecadores y recaudadores de impuestos porque quisiera parecer inclusivo, tolerante o aceptante. Comía con ellos para llamarlos a una vida cambiada y fructífera. A morir al yo y vivir para Él. Su llamado es a una transformación de vida, no a una afirmación de identidad. Debemos empezar a disciplinarnos para hacer lo que necesitamos hacer, aunque no tengamos ganas de hacerlo.

La disciplina es la forma más fuerte de amor propio. Es ignorar algo que quieres ahora por algo mejor más adelante. La disciplina revela el compromiso que tienes contigo mismo, con tu familia y con todas las generaciones por venir. Especialmente en los días que no quieres hacerlo. Tu "yo" futuro depende del "yo" actual para cumplir las promesas que te hiciste ayer.

La vida se complica más de lo necesario cuando solo haces lo que es fácil. Pero, por otro lado, la vida se vuelve más fácil cuando haces lo difícil. Hacer tiempo para Dios es difícil. Crear rutinas para orar y dar gracias es difícil. Ejercitar el cuerpo, la mente y el espíritu es difícil. Poner a Dios primero en todo es difícil. Pero al hacer estas cosas difíciles, la vida empieza a fluir con más facilidad y, a su vez, se vuelve más fácil. Haz las cosas difíciles.

Imagina cuán valiosa debe ser tu alma para que Satanás la persiga sin descanso y para que el Rey de Reyes haya dado su propia vida por ella. Pero alejarse de Dios no es tan difícil. Es un desvío lento que rara vez se nota hasta que la distancia ha crecido tanto. Piénsalo así: imagina que tú y un amigo están en un concierto. Tu amigo intenta hablarte, pero como te susurra, apenas puedes oírlo. Si estuvieras en un lugar tranquilo, sería más fácil escucharlo, pero como estás en un lugar ruidoso y lleno de gente, intentas leerle los labios. Sin embargo, como hay distracciones por todas partes, es fácil perderte en el momento.

Al final, dejas de mirar a tu amigo porque estás tan absorto en lo que haces que, cuando te acuerdas de él, ya no está a tu lado. No sabes dónde se fue, cuánto tiempo estará fuera o si volverá. Solo sabes que te perdiste en el momento, tan cautivado que la única persona que realmente te conocía ya no está a tu lado. Esto es similar a nuestro caminar con Dios. El mundo puede ser muy ruidoso, con distracciones e interrupciones por todas partes. Por eso, la meta es estar siempre cerca de Dios, porque cuanto más cerca estemos, más fácil será oír su voz, incluso si es solo un susurro.

Si no podemos oír su voz, mientras estemos cerca y mirando hacia Él, al menos podríamos "leerle los labios" o tener una mejor idea de lo que intenta decirnos. Es fácil desviarse y desconectarse, actuando solo por inercia. Por eso, la intención y la proximidad importan. Y si sentimos que ya ha pasado esto, debemos confesar nuestros pecados de inmediato y buscarlo de todo corazón. 1 Juan 1:9 nos dice: *"Si confesamos nuestros pecados, él es fiel y justo para perdonarnos y limpiarnos de toda maldad."* Pero luego debemos decidir conscientemente permanecer conectados para no volver a alejarnos.

Cuando la luz confronta la oscuridad, puede haber incomodidad, porque expone cosas que hemos llegado a ver como normales o aceptables. Pero la Escritura nos recuerda que no podemos amar las cosas de este mundo y amar a Jesús al mismo tiempo. No podemos amar el pecado y amar a Dios al mismo tiempo. Efesios 5:11 nos dice: *"No participéis en las obras infructuosas de las tinieblas, sino más bien reprendedlas."* A veces debemos exponerlas ante nosotros mismos mediante la reflexión, y otras, ante otros. Pero no desde una tarima de juicio, sino desde el amor, la comprensión y la advertencia. Porque cuando llegue el final, no podremos decir que no sabíamos o que nadie nos lo dijo.

La luz sí anula la oscuridad, pero debemos encenderla intencionalmente y actuar sobre lo que se revela. Efesios 5:13-14 dice: *"...todas las cosas, cuando son puestas en evidencia por la luz, son hechas manifiestas; porque la luz lo manifiesta todo. Por lo cual dice: Despiértate, tú que duermes, y levántate de los muertos."* ¿Cuántos han estado en este sueño, caminando dormidos por la vida? Solo podemos postergar tanto el enfrentar lo que, tarde o temprano, habrá que afrontar.

Se ha dicho que la Tierra y los Cielos tienen la misma fecha de nacimiento, y que es imposible funcionar en la Tierra sin consultar con los Cielos. Por eso es importante: *"Buscad primeramente el reino de Dios y su justicia, y todas estas cosas os serán añadidas"* (Mateo 6:33). Así que, además de orar, dar gracias y hablar con Dios, hay que ponerlo en el centro de todo. No se trata solo de decir que Jesús es el Señor y luego vivir según los estándares del mundo. Se trata de vivir esa verdad con una fe sincera.

Poner a Dios por encima de todo es confiar en que, sin importar cómo se vean las cosas, saldrán exactamente como deben. También es dejar de lado nuestros deseos y vivir para Él primero. Es crucificar la carne para liberarnos de la carnalidad que creemos que nos define.

Si decimos que amamos a nuestra pareja pero le somos infieles, ¿realmente la amamos? Muchos profesan amar a Jesús, pero hacen precisamente lo que Él murió en la cruz para liberarnos de ello. Así que, aunque digamos que lo amamos, nuestras acciones dicen lo contrario. Jesús dijo: "Si me amáis, guardad mis mandamientos."

Si realmente lo amamos, tendremos que someternos a Él y confiar en su dirección. Lo hacemos porque sabemos que la voluntad de Dios es buena. Sus planes para nuestra vida son buenos. Por eso nos da mandamientos, porque ve el panorama completo. Nuestro trabajo es poner a Dios primero y confiar en el proceso que eso implica.

Entonces, ¿cómo se deletrea amor? La respuesta obvia es A-M-O-R, pero la verdadera es T-I-E-M-P-O.

El tiempo es la forma en que el amor se demuestra realmente. Dedicamos tiempo a lo que valoramos. Si no tenemos tiempo para ciertas cosas, es porque no las valoramos como deberíamos. Cuanto más tiempo pasamos con ciertos amigos, más fuerte es la conexión y el vínculo. Así es con todo: personas, cosas materiales, actividades, el mundo y con Dios Padre.

Fortalece tu conexión con Dios hablando constantemente con Él y permaneciendo en comunión. Cuanto más tiempo pasamos leyendo su Palabra, orando y viviendo conforme a los principios bíblicos, más fuertes nos volvemos. Efesios 6 nos dice que la Palabra de Dios es nuestra espada del Espíritu. Es nuestra arma principal y debe afilarse y usarse con frecuencia, para que, cuando sea realmente necesaria, sepamos manejarla bien.

Cuando comenzamos nuestro caminar cristiano, podemos sentirnos imparables, fuertes, seguros de nosotros mismos y listos para enfrentar cualquier desafío de frente. Creemos que podemos mantenernos firmes sin importar lo que venga. Pero Dios nos llama a algo más grande: quiere que nos amemos profundamente, que nos levantemos unos a otros, que ofrezcamos una mano cuando la carga sea pesada y que nos mantengamos anclados en la verdad. Porque cuanto más tratamos de hacerlo solos, más pesado se vuelve el camino.

Algunos aún elegirán avanzar por sí mismos todo lo que puedan, y eso está bien. Pero eventualmente llega el momento en que la verdad se asienta: nunca fuimos diseñados para caminar este camino solos. Juntos, podemos ir más lejos y más rápido. Dios nos da fuerza cuando estamos unidos, pero también habrá momentos en los que debamos estar solos. En esos momentos, no debe ser por orgullo o terquedad, sino por la tranquila confianza de que Dios está con nosotros, incluso cuando no lo sentimos. Ese es precisamente el lugar donde la fe se pone en acción. Y todo lo que se ejercita, se fortalece.

A veces, la vida cobra más sentido en retrospectiva. No es fácil conectar los puntos mientras atravesamos algo que no entendemos, pero mirando hacia atrás, siempre podemos ver por qué las cosas sucedieron como sucedieron. Podemos ver con más claridad por qué tenían que ocurrir de esa manera.

Como dicen, la perspectiva retrospectiva siempre es 20/20. Y al ser agradecidos y dar gracias por adelantado, ayudamos a crear esa claridad desde el principio. Preparamos nuestra mente para que, aunque no sepamos por qué suceden las cosas de la manera en que suceden, confiemos en que ocurren para un bien mayor que se hará más claro con el tiempo. Adoptamos ese optimismo y, al hacerlo, reducimos nuestra necesidad de preocuparnos por los desafíos que fueron diseñados para hacernos mejores.

Al fin y al cabo, eso es lo que hacen los desafíos, o al menos lo que deberían hacer: impulsar el crecimiento y forzarnos a elevarnos a la ocasión. Empujarnos más allá de nuestra zona de confort para que podamos estirarnos y crecer. Al igual que con los músculos, nuestra mentalidad, perspectiva y percepción se expanden por demanda. Cuanto más se entrenan, mejor funcionan. Y cuanto mejor funcionan, mejores nos volvemos nosotros. Y cuanto mejores nos volvemos, mejor se vuelve nuestra vida. Así que, aunque tengamos oraciones "sin respuesta" y nos cueste ver lo bueno que Dios está haciendo en nuestra vida, debemos recordar que siempre hay bendiciones por las que dar gracias. A veces, simplemente tenemos que detenernos y pensar deliberadamente en ello. La apreciación no siempre sucede por sí sola, especialmente cuando estamos tan hipnotizados por el mundo y sus cosas que rara vez nos tomamos el tiempo de estar en comunión con Dios. Pero esto es un juego a largo plazo, y debemos mantener los ojos en el premio. Nuestra existencia aquí en la Tierra es solo un paréntesis en la eternidad. Debemos dejar de vivir como si las consecuencias de nuestra vida aquí no afectaran la forma en que viviremos en la otra. La vida realmente es corta, pero la eternidad es muy larga. Para muchos, es difícil comprender lo que eso significa realmente. Estamos aquí por un tiempo breve en esto que llamamos vida, pero como nuestra alma es infinita, vivirá mucho después de que el cuerpo muera. Esto plantea la pregunta: ¿qué sucede después?

Un hecho sencillo que muchos "poderes fácticos" quieren que dudes es que el Cielo es real. Y si eso es verdad, entonces también lo es el Infierno. La forma en que vivimos aquí y cómo llevamos nuestro camino en este lugar determina a dónde iremos después. Sé que hay muchos programas que quieren que creamos que existe un "punto intermedio" al morir, o que tendremos otra oportunidad en un nuevo cuerpo. Eso está fuera de mi alcance de conocimiento, pero lo que sí sé es que la forma en que vivimos aquí determina mucho de lo que vendrá después.

2 Corintios 5:10 dice: *"Porque es necesario que todos nosotros comparezcamos ante el tribunal de Cristo, para que cada uno reciba según lo que haya hecho mientras estaba en el cuerpo, sea bueno o sea malo."* Apocalipsis 20:12 dice: *"Y vi a los muertos, grandes y pequeños, de pie ante Dios; y los libros fueron abiertos, y otro libro fue abierto, el cual es el libro de la vida; y fueron juzgados los muertos por las cosas que estaban escritas en los libros, según sus obras."* Así que lo que hacemos y cómo lo hacemos importa mucho.

Es fácil cansarse de negarse a uno mismo las cosas que la carne desea o que el mundo nos ha condicionado a pensar que necesitamos. Es fácil conformarse y hacer lo justo para sobrevivir. Pero debemos levantarnos y luchar. Luchar para que nuestras familias tengan una oportunidad real. Levantarnos y luchar para que los que vengan después tengan mejores oportunidades. Luchar contra los ataques del enemigo que busca destruir todo lo bueno y todo lo que es de Dios. No podemos tomar esto a la ligera, porque hay mucho en juego. Jesucristo murió en la cruz por nuestros pecados, y el precio ya fue pagado.

Debemos reconocer que hay engaños por todas partes y que el enemigo quiere que nos sintamos abrumados por ellos. Pero Romanos 12:**2** nos recuerda: *"...no os conforméis a este siglo, sino transformaos por medio de la renovación de vuestro entendimiento, para que comprobéis cuál sea la buena voluntad de Dios, agradable y perfecta."*

La Escritura dice que hay dos destinos: Cielo o Infierno. Habla de dos caminos: el estrecho o el ancho. Dice que hay dos señores: Cristo o Satanás. Y dos maneras de andar: en el espíritu o en la carne. Aunque muchos sean creyentes a medias, en estos temas no hay punto medio. Para creer en algo, debemos aceptarlo de todo corazón con absoluta certeza. No hay lugar para la duda o la incredulidad. Solo hay convicción de lo que es verdad, y nada puede impedir que lo sea.

Así que, si Satanás no puede cegar a los que creen, intentará dividirlos. Intentará destruir su influencia para Dios. En el tribunal de la opinión pública, se puede hacer que alguien parezca loco o un teórico de la conspiración en cuestión de minutos. Estas etiquetas tienden a disminuir la influencia rápidamente, incluso si todo lo que se dijo o escribió era cierto. Muchas ideas y hechos se descartan si no se alinean con una narrativa sostenida durante mucho tiempo. Las verdades importantes tienden a quedar a un lado, mientras el engaño del mundo, orquestado por Satanás, continúa sin obstáculos.

Pero en esta era de la información, es hora de despertar a la verdad. Satanás es el enemigo, y su plan final es herir a Dios de todas las maneras posibles. El engaño, la desinformación y la difamación son solo algunas de las tácticas que usará.

Aunque Satanás es poderoso, su poder está limitado por Dios. Solo puede actuar con el permiso de Dios, como nos dicen Job 1:12 y Job 2:6. En última instancia, está sujeto a la autoridad de Dios. Si realmente somos cristianos y tenemos al Espíritu Santo viviendo en nosotros, Satanás no puede vencernos. Intentará que parezca que puede. Tentará a la carne e intentará llevarnos al pecado. Llenará la mente de pensamientos y ansiedad, y nos hará dudar de la bondad de Dios. Incluso nos engañará para que creamos que es más poderoso de lo que realmente es.

Pero si vivimos nuestra vida diaria caminando en el espíritu —es decir, permaneciendo en contacto cercano con Dios mediante la oración, la presencia consciente y negando la carne— no necesitamos andar con miedo. Debemos respetar a Satanás y a sus demonios hasta cierto punto, pero de ninguna manera temerles. No son iguales ni están cerca de estar en el mismo nivel que el Altísimo. Y Dios nos ha dado todo lo que necesitamos para ser victoriosos contra todo lo que Satanás presente.

No podemos ser casuales en esto. Si somos favorecidos por Dios, también seremos un objetivo para Satanás. Su meta es destruir nuestra capacidad de hacer lo que Dios nos ha llamado a hacer. Con gran favor viene gran responsabilidad.

Una conversación que debimos tener con Dios y no tuvimos, Satanás intentará tenerla con nosotros. No debemos darle terreno y debemos mantenernos firmes en nuestras convicciones. Él busca nuestra confianza, paz, gozo, corazón, mente, alma, propósito y fruto. 1 Pedro 5:8 nos dice: *"Sed sobrios, y velad; porque vuestro adversario el diablo, como león rugiente, anda alrededor buscando a quien devorar."*

Ten esas conversaciones con Dios; ve a Él para todo. No ignores los pensamientos, las tentaciones o la ansiedad. Ponlo todo a sus pies, porque Él quiere que dependamos de Él. No fuimos diseñados para hacer esto solos. Como una herramienta a batería: tiene poder por sí misma y puede funcionar por un tiempo limitado, pero cuando se conecta a la corriente, tiene mucho más poder y por más tiempo. Lo mismo ocurre con nosotros: nuestra fuente de poder es Dios, y nos mantenemos conectados permaneciendo en Su Palabra y viviendo conforme a la Escritura.

Satanás conoce nuestro nombre pero nos llama por nuestros fracasos. Jesús conoce nuestros fracasos pero nos llama por nuestro nombre. Como seguidores de Cristo, estamos llamados a vivir vidas arraigadas en la Palabra de Dios, reflejando el amor, la gracia y la verdad de Jesús en todo lo que hacemos. La Escritura nos recuerda que nuestra obediencia de hoy ayuda a sentar las bases para las bendiciones de mañana, no solo para nosotros, sino para las generaciones que vienen. Cuando caminamos en justicia, predicamos el Evangelio con valentía y ayudamos a otros a llegar a Cristo, nos convertimos en instrumentos del propósito eterno de Dios.

Nuestra fidelidad puede abrir puertas para que nuestros hijos y los hijos de nuestros hijos hereden el reino de los cielos. Esto crea un legado de fortaleza espiritual y favor divino. Por eso, debemos vivir con intención, guiados por la verdad de Dios, para que, a través de nuestro testimonio, muchos lleguen a conocer a Jesús. Y al hacer esto, ayudamos a correr el velo y exponer al verdadero enemigo que todos están ignorando.

Oración para Invitar a Jesucristo a Tu Vida y Renovar Tu Relación con Dios

Padre Celestial, vengo ante Ti hoy con un corazón humilde, reconociendo que necesito de Tu gracia y misericordia. Confieso mis pecados y te pido Tu perdón. Creo que Jesucristo es Tu Hijo, que murió en la cruz por mis pecados y que resucitó para que yo pudiera tener vida eterna. Señor Jesús, te invito a entrar en mi corazón. Sé mi Salvador, mi Señor, mi Rey.

Rindo mis caminos antiguos y pido nacer de nuevo por el poder del Espíritu Santo. Límpiame, renueva mi mente y transforma mi corazón. Lléname de Tu Espíritu para que pueda caminar en la verdad, vivir en justicia y seguirte todos los días de mi vida.

Hoy elijo caminar en una nueva dirección, contigo, Padre Dios. Guíame, dirígeme y úsame para cumplir Tu propósito. Fortalece mi fe, rodéame de Tu paz y ayúdame a crecer en Tu palabra cada día. Gracias por salvarme, por hacerme nuevo y por darme la promesa de vida eterna. En el nombre de Jesús oro, Amén.

Bibliography

Al Ozonoff, Etsuro Nanishi, Ofer Levy. *"Bell's Palsy and SARS-Cov-2 Vaccines".* The Lancet. www.thelancet.com/journals/laninf/article/PIIS147 3

Andrea Michelson. *"Chemicals in shampoo and makeup are linked to early death, study finds". 2021*

Aaron Siri. www.Aaronsiri.substack.com

Baletti, Brenda Ph.D. *"Government Misled Public on Thimerosal Link To Autism "for Decades,"* Falsely Claims It's Been Removed From Vaccines." Childrenshealthdefense.org. April 2025.

Bornali Bhattacharjee, Peiwen Lu, Valter Silva Monteiro, Alexandra Tabachnikova, Kexin Wang, William B. Hooper, Victoria Bastos, Kerrie Greene, Mitsuaki Sawano, Christian Guirgis, Tiffany J. Tzeng, Frederick Warner Pavlina Baevova, Kathy Kamath, Jack Reifert, Danice Hertz, Brianne Dressen, Laura Tabacof, Jamie Wood, Lily Cooke, Mackenzie Doerstling, Shadan Nolasco, Amer Ahmed, Amy Proal, David Putrino, Leying Guan, Harlan M. Krumholz, Akiko Iwasaki . "Antigenic Signatures Associated with Chronic Illnesses after 1 COVID-19 Vaccination". Med RXIV. *Immunological and*

*Antigenic Signatures Associated with Chronic Illnesses after COVID-19 Vaccination.*2025

Braude, Gerald, Informed Choice Washington.*www.informedchoicewa.substack.com.* 2025

"Chemtrails: The exotic Weapon". Usafa. Alachuacounty.us.2014

David Nield. *"Most COVID-19 Deaths May Be The Result of A Completely Different Infection".* Science Alert. 2023. Most COVID-19 Deaths May Be The Result of a Completely Different Infection : ScienceAlert

Dr. Bryan Ardis. *"Moving Beyond The COVID-19 Lies".*2024

Dr. William H. Gaunt,NMD & Spencer M. Gaunt RN. *"Unvaccinated Children Are Healthier Than Vaccinated Counterparts".* www.jenifermargulis.net

Dr. Vladamir Zelenko. www.Vladimirzelenkomd.com

Gao, Catherine A., et al. "Machine Learning Links Unresolving Secondary Pneumonia to Mortality in Patients with Severe Pneumonia, Including COVID-

19." *Journal of Clinical Investigation*, vol. 132, no. 5, 2022, pp. e170682. DOI:10.1172/JCI170682.

Guthrie, Matthew. *www.followthesilenced.com.* 2025

Hulscher, Nicolas. *"Autopsy findings in cases of fatal Covid-19 vaccine-induced myocarditis".* PubMed. 2024

Harlan M Krumholz , Yilun Wu , Mitsuaki Sawano , Rishi Shah , Tianna Zhou , Adith S Arun , Pavan Khosla , Shayaan Kaleem, Anushree Vashist , Bornali Bhattacharjee , Qinglan Ding , Yuan Lu , César Caraballo , Frederick Warner , Chenxi Huang , Jeph Herrin, David Putrino , Danice Hertz , Brianne Dressen , Akiko Iwasaki. *"Post-Vaccination Syndrome: A Descriptive Analysis of Reported Symptoms and Patient Experiences After Covid-19 Immunization".* 2023 Nov 10:2023.11.09.23298266. [Version 1] doi: 10.1101/2023.11.09.23298266

Judy George. *"Researchers Describe Rare Syndrome After COVID Vaccine".* MedPage Today. February 20, 2025

Krawczyk, P.S., Mazur, M., Orzeł, W. et al. *"Re-adenylation by TENT5A enhances efficacy of SARS-CoV-2 mRNA vaccines".* Nature (2025). https://doi.org/10.1038/s41586-025-08842-1

"Lasting immunity found after recovery from COVID-19". National Institute of Health. 2021

Nicolas Hulscher, Roger Hodkinson, William Makis, Peter A McCullough. *"Autopsy findings in cases of fatal COVID-19 vaccine-induced myocarditis.* PMID 38221509. 2025

Mallory Locklear." *Immune Markers of Post-Vaccination Syndrome Indicate Future Research Directions."* Feb 19, 2025

Maria Tsikala Vafea , Raina Zhang , Markos Kalligeros , Evangelia K Mylona , Fadi Shehadeh , Eleftherios Mylonakis. "Mortality in mechanically ventilated patients with COVID-19: a systematic review". 2021 May. 18 (5):457-471. doi: 10.1080/17434440.2021.1915764. Epub 2021 Apr 30.

McCullough, P. A. (2023). *"SV40 promoters and enhancers contaminate Pfizer-BioNTech COVID-19 vaccine".* Courageous Discourse.

McKernan, K., Helbert, Y., Kane, L. T., & McLaughlin, S. (2023). *"Sequencing of bivalent Moderna and Pfizer mRNA vaccines reveals nanogram to microgram quantities of expression vector dsDNA per dose".* https://doi.org/10.31219/osf.io/b9t7m

Miller, Neil Z. "Vaccines and Sudden Infant Death: An Analysis of the VAERS Database 1990–2019 and Review of the Medical Literature." *Toxicology Reports*, vol. 8, 24 June 2021, pp. 1324–1335. Elsevier, doi:10.1016/j.toxrep.2021.06.020.

Nicolas Hulscher et al. ESC Heart Fail. *"Autopsy findings in cases of fatal COVID-19 vaccine-induced myocarditis."* PubMed.2024.

Nicola Jones. *"Does using ChatGPT change your brain activity? Study sparks debate."* www.nature.com/articles/d41586-02005-y. 2025.

Paul Thomas MD. Paulthomasmd.com

Prof. Dr. Arne Burkhardt, Prof. Dr. Walter Lang. *"New Histopathological Insights Into Covid vaccine injuries".* March 12, 2022.

Rogers, Toby MD. *"Mapping the Entire Field of Autism."* (2025). https://tobyrogers.substack.com/p/mapping-the-entire-field-of-autism

Rogers, Toby MD. *"The True Cost of Autism"*. Children's Health Defense Fund. 2020

Swiss Policy Research. *"A Systematic Overview of Severe Covid Adverse Events."* April 2023.

Schnoebelen, William. *"Masonry: Beyond The Light"*. March 1, 1991

Saplakoglu, Yasemin. *"Nearly 9 in 10 Patients Who Are Put On A Ventilator Die, New York Hospital Data Suggests"*. April 23. 2020

Shah, K. V., & Nathanson, N. (1976). *"Human exposure to SV40: Review and comment"*. American Journal of Epidemiology, 103(1), 1–12. Substack (https://anandamide.substack.com/p/why-is-a-fauci-hiv-vax-sequence-in?utm_source=substack&publication_id=456768&post_id=162261550&utm_medium=email&utm_content=share&utm_campaign=email-share&triggerShare=true&isFreemail=false&r=jhcie&triedRedirect=true)

Shrestha, Nabin K., et al. *Effectiveness of the 2024–2025 Influenza Vaccine in Preventing Infection in Healthcare Personnel.* medRxiv, 27 Mar. 2025, doi:10.1101/2025.03.26.25324567. Preprint.

Simonsen, Lone, et al. "Impact of Influenza Vaccination on Seasonal Mortality in the US Elderly Population." *Archives of Internal Medicine,* vol. 165, no. 3, 14 Feb. 2005, pp. 265–272. American Medical Association, doi:10.1001/archinte.165.3.265.

Sivan Gazit, MD MA; Roei Shlezinger, BA; Galit Perez MN MA; Roni Lotan, PhD. *"Comparing SARS CoV-2 natural immunity to vaccine-induced immunity; reinfection versus breakthrough infections".* Med RXIV 2021.

Testimony on Vaccines and Neurodevelopmental Disorders. Neuenschwander, James. "Testimony on Vaccines and Neurodevelopmental Disorders." *U.S. Court of Federal Claims,* www.govinfo.gov/content/pkg/USCOURTS-cofc-1_17-vv-00109/pdf/USCOURTS-cofc-1_17-vv-00109-0.pdf?utm_source

TGE Media. *Frankenskies Documentary.* www.thegloablelite.org

"The Age of Autism: Mercury, Medicine, and a Man-Made Epidemic" Olmsted, Dan, and Mark Blaxill. *The Age of Autism: Mercury, Medicine, and a Man-Made Epidemic.* Thomas Dunne Books, 2010.

"The Amish Anomaly" Olmsted, Dan. "The Amish Anomaly." *United Press International*, 19 Apr. 2005, www.upi.com/Science_News/2005/04/19/The-Age-of-Autism-The-Amish-anomaly/95661113911795/.

"The Amish Elephant" Olmsted, Dan. "The Amish Elephant." *United Press International*, 29 Oct. 2005, www.upi.com/Health_News/2005/10/29/The-Age-of-Autism-The-Amish-Elephant/44901130610898/.

"The Gut, GI, and Autism" Neuenschwander, James. "The Gut, GI, and Autism." *NeuroNeeds*, www.neuroneeds.com/the-gut-gi-and-autism/?utm

"Research on Gut Issues, Immune System Dysfunction, and Autism". Neuenschwander, James. "Gut Issues, Immune System Dysfunction, and Brain Inflammation in Autism." *Bio Energy Medical Center*, www.bioenergymedicalcenter.com/blog/gut-issues-immune-system-dysfunction-brain-inflammation-in-autism?utm

The Corvelva Team. *"New Data Shows DNA From Aborted Fetal Cell Lines in Vaccines".*

October 03, 2019. New Data Shows DNA From Aborted Fetal Cell Lines in Vaccines • Children's Health Defense

U.S. FDA. (2023). *"COVID-19 vaccine safety surveillance".* FDA.gov.

West, Jim. *Pesticides and Polio*. Harvoa.org. 2002

www.FlatearthDave.com

www.nytimes.com/2020/08/29/health/coronavirus-testing.html

www.cdc. gov/nchs/data/nvss/coronavirus/alert-2-new-icd-code-introduced-for-covid-19-deaths.pdf

www.rcreader.com/commentary/masks-dont-work-covid-a-review-of-science-relevant-to-covide-19-social-policy

www.Physicians For Informed Consent.org

VAERS Summary For COVID-19. Vaersanalysis.info

"Vaxxed VS Unvaxxed". Children's Health Defense. www.childrenshealthdefense.org

Yehudah Roth , Jerry S Chapnik, Philip Cole. *"Feasibility of aerosol vaccination in humans"*. 2003 Mar;112(3):264-70. doi: 10.1177/000348940311200313

"Do PCR Tests Work As Described?" off-guardian.org/2020/06/27/covid19-pcr-tests-are-scientifically-meaningless

Zondervan NIV Study Bible. Full ref. ed. Kenneth L Baker, gen ed. Grand Rapids, MI: Zondervan 2002